L

NOTICE HISTORIQUE

SUR LA

VILLE DES BAUX.

NIMES. — Typ. BALLIVET ET FABRE,
Rue de l'Hôtel-de-Ville, 11.

NOTICE HISTORIQUE

SUR LA

VILLE DES BAUX

EN PROVENCE,

ET SUR

LA MAISON DES BAUX,

Précédée d'une Description,

PAR JULES CANONGE.

PARIS.

L. HACHETTE, LIBRAIRE DE L'UNIVERSITÉ ROYALE DE FRANCE,
rue Pierre-Sarrasin.

NIMES

CHEZ GIRAUD, BOULEVART ST-ANTOINE.

1844.

Dans les notes d'un poëme publié en 1839 (*le Monge des Iles d'Or*), j'ai décrit longuement le site et les ruines de l'ancienne ville des Baux en Provence. Mentionné par le *Journal des Débats*, ce travail fut reproduit par l'*Art en Province* et la *Quotidienne*. En rendant compte de mon poëme, la *Gazette de France* me conseilla de compulser les annales de la famille princière des Baux; j'ai suivi ce conseil, et j'offre à ceux qu'intéressent nos antiquités nationales le résultat de mes recherches. Ils trouveront ici réunis et classés pour la première fois des matériaux confusément épars. Ils pourront y étudier la vie de nos contrées méridionales pendant onze siècles, sous tous ses aspects et dans toute sa fougue. A une époque où l'esprit de famille s'anéantit, remplacé par la puissance individuelle, il ne sera pas sans intérêt de suivre les développemens d'une illustre maison dont l'histoire devient un moment celle de la Provence; tige féconde qui étend fièrement ses rameaux à travers les mers, sur des contrées lontaines qu'elles pare de fleurs étrangères.

Réunie à la description déjà publiée, cette histoire forme un ensemble insuffisant encore sans doute, mais le moins incomplet jusqu'à ce jour. Il sera consulté avec quelque fruit jusqu'à ce qu'un écrivain plus habile, puisant à des sources qui peuvent m'être inconnues, supplée à ce qu'il y a probablement ici de défectueux. En attendant que nous applaudissions à ces découvertes, l'auteur de cet écrit s'estimera heureux s'il a pu attirer quelque attention et répandre quelque lumière sur un des points les plus importans de notre passé méridional.

DESCRIPTION DES BAUX.

Voici ce que je lisais et transcrivais en feuilletant des manuscrits et de vénérables in-folios. Captivé par l'intérêt du sujet, j'essayais de former un ensemble avec ces fragmens épars d'une histoire incomplète ; labeur ingrat, image trop vraie de la vie! Ainsi nos jours se passent, nos forces s'épuisent à rassembler des lambeaux : gloire, bonheur ou vérité, la conquête de la moindre parcelle est un long et douloureux effort ; et, à peine avons-nous commencé d'acquérir ce qui peut apaiser cette anxiété de l'esprit et du cœur, tourment des nobles âmes, qu'un vent de souffrance et de mort flétrit, disperse les résultats éphémères de nos travaux, comme des fruits dont la maturité ne doit point réjouir celui qui les cultive, ou comme ces cartons légers qu'un enfant dispose en édifice, et qu'emporte un souffle railleur.

Mais telles n'étaient point alors mes pensées ; je poursuivais en toute chose la réalisation de cet harmonieux ensemble qu'il n'est pas donné à l'homme d'atteindre ici-bas ; dès qu'une donnée se présentait, j'étais pris du désir de la compléter. Je compris que dans celle qui m'occupait, les livres ne suffisaient pas : l'étude du site, et d'un site que tous les récits peignaient étrange et grandiose, me parut indispensable à l'intelligence des faits; et, deux jours après, j'errais dans les Alpines, seul, car la solitude est la mère des pensées.

Parti le matin de Saint-Remy, j'avais admiré la bizarre silhouette que dessinaient sur le ciel ces crêtes arides : c'étaient des pics taillés en obélisques, des châteaux en ruine, des masses pendantes sur le vide ou d'étroits défilés s'ouvrant et serpentant dans l'intervalle des monts. Je n'avais pour me guider que le sentier du pâtre ou le lit du torrent. Tout à mes rêveries, je me vis bientôt égaré; quatre fois j'avais escaladé et descendu les pentes rapides du triple rempart qui me séparait du but, sans rencontrer une créature humaine, un gazon, une source, un ombrage. Comme je descendais le versant de la dernière colline, j'aperçus enfin dans la plaine deux femmes conduisant des ânes, et bientôt après, je gravissais avec elles un rude sentier, car elles aussi allaient à la ville des Baux. Chemin faisant, j'examinai mes conductrices : je ne crois pas que la misère se soit jamais présentée sous de plus tristes haillons et des traits plus douloureux : leurs ânes rogneux, efflanqués et chargés outre mesure trébuchaient à chaque pas. Quelques soupirs à-demi étouffés éveillèrent ma curiosité; j'en demandai la cause : — « Hélas! mon bon Monsieur, me fut-il répondu, le village des Baux est pauvre; son territoire ne produit rien que des lierres et des herbes sauvages que nous cueillons pour les vendre aux villes voisines : ce matin nous étions allées à Arles porter ces deux charges; nous comptions sur leur prix pour nourrir notre famille, et nous revenons sans avoir pu les vendre! — Et à combien estimez-vous ces deux charges? — Il peut bien y en avoir pour trente sous.» Ainsi ces malheureuses avaient travaillé plusieurs jours, fait huit lieues, elles et leurs ânes, pour gagner trente sous, et revenaient sans avoir pu y parvenir! et, de ce misérable trafic dépendait l'existence de deux familles, de toute une population! Mon cœur se serra à cette pensée. J'ouvris ma légère escarcelle de poète; j'en tirai deux pièces d'argent que je leur mis dans la main. La reconnaissance de ces bonnes femmes égala leur étonnement, et il y aura bien du bonheur dans mon avenir, si Dieu réalise seulement un vingtième des bénédictions qu'elles me prodiguèrent. Cependant le paysage devenait à chaque pas plus fortement accidenté; les rochers se découpaient en étranges profils, ou se dressaient en aiguilles, en masses auxquelles la fantaisie d'artistes géans semblait s'être plue à donner les formes les plus extraordinaires. Enfin s'ouvrit une étroite vallée; je m'inclinai devant une croix de pierre, dont les débris sanctifient la route, et, quand mon regard se releva, il s'arrêta étonné sur un ensemble de tours et de murailles perchées à la cime d'un roc, tel que je n'en avais javais vu, excepté sur les œuvres où le génie de la peinture s'est inspiré des plus fabuleuses imaginations de l'Arioste. Mais si mon étonnement fut grand à ce premier aspect, il redoubla lorsque j'eus gravi une éminence d'où la ville entière se déploya devant moi : c'était un tableau de grandeur désolée comme ceux que nous fait rêver la lecture des prophètes; c'était ce dont je ne soupçonnais pas l'existence ; c'était une ville presque monolithe. Ceux qui les premiers eurent la pensée d'habiter ce rocher, taillèrent leur abri dans ses flancs; ce nouveau système d'architecture fut jugé bon par leurs successeurs, car la masse était vaste et compacte; et une ville en sortit bientôt comme une statue du bloc d'où l'art la fait jaillir ; une ville imposante avec ses fortifications, ses chapelles et ses hospices; une ville où l'homme semblait avoir éternisé sa demeure. L'empire de cette cité s'étendit au loin : de brillans faits d'armes lui conquirent une noble place dans l'histoire; mais elle n'en fut pas plus durable que tant d'autres moins solidement construites. Impuissante au progrès dans le bien, l'humanité n'est que trop féconde lorsqu'il s'agit d'avancer dans le mal; des moyens de destruction, auxquels n'avaient pas songé les premiers architectes des Baux, quelques siècles plus tard, nivelèrent le monde. La main, qui, chez nous, renouvela pour les fronts puissans le jeu cruel de Tarquin, dirigea contre les Baux ces armes terribles, et la ville souveraine n'est plus qu'un vaste amas de décombres où végète au soleil une population sans énergie, tant la désolation qui l'entoure pèse sur son âme.

C'est une impression à laquelle il est impossible de se soustraire. En présence de ce bouleversement, le cœur se sent mal et la question que l'on s'adresse est celle-ci : Comment peut-on vivre là, à moins d'être aigle ou vautour? Ils ne sont pourtant ni l'un ni l'autre, ces bons habitans des Baux. Des hauts barons qu'ils remplacent, ils n'ont pris que l'habitation, autrefois palais somptueux, aujourd'hui tristes réduits où languissent plus de souffrances résignées qu'ils n'abritèrent jadis de gloire, de bonheur et de folles orgies; s'ils étalent dans nos marchés la misère du paria, ils y font respecter la probité de l'anachorète.

Au fond d'une grotte bien nommée Enfer, je suis descendu dans la grotte des Fées; mais, au lieu des gracieux fantômes dont mon imagination l'avait peuplée, je n'y ai trouvé que voûtes sous lesquelles il faut ramper, blocs entassés, chauves-souris et profondeurs ténébreuses. Je viens de dire que cette gorge était bien nommée Enfer; nulle part, en effet, je n'ai vu des roches aussi étrangement tourmentées; elles se dressent, se creusent, se prolongent sur le vide en gigantesques entablemens, jardins aériens qui soutiennent des végétations échevelées, ou s'ouvrent en défilés comme ce bloc des Pyrénées fendu par le bras de Rolland. Du côté du midi, le château des Baux s'élevait sur un banc de roc à pic. Rompue lorsque la ville a été démantelée, cette roche s'est écroulée, et la pente est toute hérissée de ses débris. Il en est deux surtout devant lesquels j'ai longtemps rêvé: l'un, à moitié renversé sur le côté, porte, sculptés à mi-corps, une femme et un vieillard, et une inscription qu'il m'a été impossible de déchiffrer; l'autre, droit, se terminant en aiguille vers son extrémité supérieure, large et arrondi à la base, haut d'une vingtaine de pieds, présente au passant étonné les restes d'une inscription latine et trois grandes figures largement drapées à la romaine. Un villageois qui passait s'était découvert devant ce bloc, et voici ce qu'il me raconta : — « A l'époque où la ville des Baux était occupée par les Romains, les trois Maries débarquées et errantes en Provence y vinrent demander l'hospitalité ; repoussées, elles se reposèrent sous le château, au pied de cette pierre. Quelque temps après, une épidémie se déclara dans la ville. Or, une épidémie sur la roche des Baux était chose extraordinaire, car, le seul bien dont elle a constamment joui et que n'a pu lui enlever la destruction, c'est la pureté de son climat. On dut donc chercher à cette calamité une cause surnaturelle, et on l'a trouva dans l'hospitalité refusée aux saintes sœurs ; c'est pour les apaiser que fut faite cette sculpture où elles sont représentées. Tous les ans nous la parons de guirlandes de buis et venons processionnellement y prier. Ce que tout le monde a pu voir, et ce qui est une chose bien merveilleuse, c'est que, ce jour-là, les trois figures ont plus de relief et semblent vivantes. » — En écoutant cette naïve légende, je la rapprochai de la tradition qui plaça dans la grotte des Baux trois fées malfaisantes ; et dans ce parallélisme de trois bons et de trois mauvais génies, je retrouvai cet antagonisme du bien et du mal que, chez toutes les nations et dans tous les temps, a personnifié l'imagination populaire ; loi profonde et mystérieuse qui régit le monde et confondra toujours l'intelligence humaine.

Le caractère des figures me fit présumer qu'elles étaient romaines. Il est probable que ces sculptures furent destinées à honorer des personnages inhumés au pied de cette roche ; d'autant mieux que sur l'autres points de la Provence, on trouve des bas-reliefs analogues et auxquels on ne saurait assigner une autre destination. Quoi qu'il en puisse être, ces deux roches sculptées comptent parmi les monumens les plus extraordinaires de nos contrées. Leur dimension gigantesque, leur isolement sur ce sol aride et bouleversé, leur origine mystérieuse, font rêver à ces granits cyclopéens dont se hérisse le désert. Saintes ou profanes effigies, ces majestueuses figures étonnent l'imagination, la frappent de respect et l'enchaînent à leurs pieds. Etrange, immense peuple dont les moindres caprices confondent nos créations les plus laborieuses; qui ne posa sa main nulle part sans y laisser des traces grandioses et indestructibles; semblable à ces géans fabuleux dont chaque pas creusait un abîme, ou à ces paladins qui d'un revers de leur épée partageaient une montagne.

J'avais entendu mes tristes conductrices parler de leur curé; je fus curieux de connaître l'homme de Dieu qui s'était dévoué au salut de ce malheureux troupeau. Je le trouvai dans un enclos duquel on avait voulu faire un jardin, mais où l'industrie du propriétaire et la sève de quelques plantes vivaces n'avaient pu qu'à-demi voiler les décombres. Il était assis au soleil, lisant son bréviaire contre une muraille délabrée où pendaient les rameaux d'une treille jaunie par l'automne; près de lui, une vieille femme filait en murmurant un chant dont les paroles semblaient l'écho d'un autre siècle, et un bon vieillard méditait. Sur ses genoux était ouvert un livre, le plus sublime de tous, le livre sacré; mais son regard n'était plus attaché au texte divin. Immobile et recueilli, les bras croisés sur sa poitrine, et les paupières abaissées, il en sondait l'esprit. Telle était la préoccupation des personnages de cette scène, que j'eus tout le loisir de la contempler et d'en admirer la simplicité sublime. Je me sentais un remords de troubler ces graves et religieuses pensées par l'appel d'une curiosité frivole. Cependant un mouvement me trahit, et la cordialité de l'accueil calma les reproches de ma conscience.

Le digne ecclésiastique n'habitait que depuis peu cette étrange solitude; il me raconta les premières impressions de son arrivée et de son séjour: j'y reconnus une partie de ce qui venait de se passer en moi-même. Il me peignit les tristesses de l'isolement et les vaines aspirations d'une âme que personne autour d'elle ne peut comprendre. — « Je sais, disait-il, que pour notre saint ministère on est bien là où l'on est mal; mais, nous avons beau le combattre, l'homme ne meurt jamais en nous! — Courage, lui répondis-je, ce sera votre Thébaïde. »

En échangeant ainsi nos pensées, nous parcourions les ruines, et le beau vieillard dont j'avais admiré la méditation nous suivait, bienveillant, mais silencieux. Nous sondions les voûtes ténébreuses, nous contemplions avec une tristesse mêlée de charme les restes de pilastres et de sculptures élégantes; nous passions avec terreur sous de grandes masses que tenait suspendues la force de cohésion du roc, comme un démenti aux lois de l'équilibre; nous nous arrêtions étonnés devant des édifices dont tout un étage était descendu d'un seul bloc et s'était ouvert en frappant le sol, comme s'ouvre, lorsqu'il est trop mûr, le fruit du grenadier; nous mesurions des escaliers d'une seule pièce gisans comme des troncs renversés; nous admirions des pans de murailles aux voûtes écroulées, dont les fenêtres vides encadraient l'azur du firmament. Quelquefois une figure pâle, un spectre douloureux d'homme ou de femme passait devant nous, ou s'étalait sur un seuil misérable, à l'embrasure d'une croisée mutilée; mais ce n'était point là de la vie, c'étaient des ruines sur des ruines, et les plus tristes de toutes, des ruines humaines. Et moi qui étais venu pour évoquer les grandes figures de Raymond Bérenger, du farouche Hugues, ou celles plus gracieuses de Guilhem de Cabestan et de sa déplorable amante, je n'avais point de pensée pour eux; le présent étalait trop de douleurs autour de moi pour que le souvenir des grandeurs passées pût trouver place dans mon âme.

Nous étions arrivés sur une terrasse qui couronne le point le plus élevé des Baux; immobiles et muets, nous contemplions avec ravissement le plus magnifique des spectacles: la dernière heure du jour sous un beau ciel, sur un vaste et brillant paysage. Tels étaient l'éclat et la majesté du coup-d'œil que le pasteur des Baux s'écria plein d'enthousiasme, en me montrant la plaine de Provence avec ses villes, ses villages aux noms poétiques, ses prairies, ses marais et son fleuve qui s'ouvre pour embrasser un delta fertile: — « C'est d'ici que l'on peut dire avec l'Ecriture: *Vidi duodecim tribus Israël.* — C'est bien plutôt d'ici qu'il faut s'écrier, répondit près de nous une voix lente et grave : *Nunc intelligite et erudimini quid evenerit vobis.*»

Je tressaillis et cherchai celui qui faisait tomber sur notre enthousiasme ce triste et haut enseignement ; c'était le vieillard silencieux jusqu'alors. Un moment il avait admiré comme nous les splendeurs de l'horizon ; mais bientôt, détournant sa vue d'un spectacle dont l'éclat n'était plus en harmonie avec les pensées de son âge, il l'avait reportée sur ce cadavre de ville gisant à ses pieds, et s'était pris à méditer le néant des choses humaines. Je compris, je partageai sa douleur, et j'humiliai la vanité de mon esprit devant ce livre divin dont le souvenir élève au sublime les plus humbles intelligences.

HISTOIRE

DE LA

VILLE DES BAUX

(EN PROVENCE)

ET DE LA MAISON DES BAUX.

Dans la Provence orientale, à trois lieues d'Arles, au sommet rocailleux d'un versant des Alpines, sont épars les débris d'une ville qui, par le grandiose du site, par l'ancienneté de sa fondation et l'importance du rôle qu'elle a joué dans les annales du pays, attire les pas du voyageur, exalte l'imagination de l'artiste, offre à la curiosité des archéologues une abondante pâture, irrite et confond souvent leur docte sagacité. Son origine se perd dans ce vague dont l'incertitude, enveloppant la source des choses remarquables, donne à leur puissance un prestige de plus ; bien que le merveilleux s'y mêle, nous rapporterons ici toutes les différentes versions : l'histoire n'est pas seulement un programme destiné à satisfaire exclusivement la partie exacte de nos facultés ; comme toute chose grande et complète, elle s'adresse à l'ensemble de l'intelligence humaine; l'imagination elle-même doit donc y trouver sa part; lorsque l'historien rencontre sur son chemin la tradition merveilleuse, tout en la signalant pour ce qu'elle est, il doit la constater cependant afin d'ouvrir au génie de poétiques perspectives.

Balthio, Balio, Baucio, telles sont les diverses dénominations qui, dans les anciens écrits, désignent le château des Baux. Une opinion, dont le seul fondement est un casque grec trouvé dans le sol, attribue à cette place une origine grecque et fait dériver son nom du mot Βαῦξος. Quoi qu'il en puisse être, ce nom a passé en se généralisant dans le langage local et sert aujourd'hui encore en Provence à désigner tout sommet escarpé. Le mot ligurien *Baou* a la même signification.

Selon Viguier, et d'après un manuscrit vu aux archives de la principauté d'Orange par le père de l'historien de la Pise, les descendans des rois Mages vinrent des Indes en Grèce, fondèrent un château où ils déposèrent la couronne de Melchior, un de ces rois, et s'allièrent aux Grecs et aux Latins. En 388, sous le règne de Théodose, empereur d'Orient, un de ces princes, nommé Balthazar, régnait en Éthiopie; il abandonna ses terres, emporta son trésor, et, suivi de sa femme et de ses enfans, se retira auprès de l'empereur. Théodose ayant passé la mer pour se rendre à Lyon conduisit Balthazar en Provence où il le laissa. Séduit par la beauté du pays, celui-ci bâtit un château sur une roche, à trois lieues d'Arles, et lui donna un nom dérivé du sien.

Une conjecture plus probable est celle qui assigne pour fondateurs au château des Baux les Balthes, famille si puissante et si illustre chez les Goths et les Visigoths que, selon Jornandès et Procope, leurs rois se disaient descendus d'elle. Cette famille s'établit en Provence vers le cinquième ou sixième siècle.

Lors de la prise d'Arles par Eric roi des Visigoths, les Arlésiens se retirèrent sur les hauteurs; la roche des Baux leur servit d'asile. Ils en furent chassés, et, après la conquête, un seigneur de la maison des Balthes eut pour sa part la pente méridionale des Alpines; il y bâtit un château où il établit sa résidence et lui donna le nom de ses ancêtres.

Après cette époque d'incertitudes, nous ne retrouvons la principauté des Baux que mentionnée en 981 par l'archiviste don Chantelou, à l'occasion d'une charte de l'Abbaye de Montmajour près d'Arles. Cette charte est fondée sur un témoignage daté de 973. D'après ce document, Pons, aïeul de Guillaume Ier, vicomte de Marseille, est désigné avec sa femme Proféta comme étant en 940 la tige de la maison des Baux. Trente-neuf ans plus tard, Pons, le jeune seigneur des Baux, tint un rang distingué parmi les puissans de Provence.

En 993, les gouverneurs de la Provence ayant profité, pour s'émanciper, de l'apathie de Raoul roi d'Arles, les seigneurs de cette contrée suivirent cet exemple et se fortifièrent dans leurs domaines. Ceux des Baux sont cités en première ligne; ils furent les premiers qui se déclarèrent souverains. Néanmoins, le nom de leur château ne devint le nom même de leur famille qu'à dater de l'an 1000. Ils firent en cela comme les autres familles souveraines de la contrée qui ne prirent leur surnom que depuis le dixième siècle.

Une bulle du pape Benoît VIII mentionne, en 1024, Hugues, seigneur des Baux, de Montpahon et de Meyrargues, ainsi que sa femme, nommée Emaur, fille d'Alix.

En 1028, Pons des Baux approuve une donation en faveur d'une abbaye.

La puissance des Baux s'agrandit par des alliances avec des maisons souveraines.

Raymond des Baux accompagna en Palestine le comte de Toulouse, Raymond V, et fut témoin du codidile qu'il fit, au Mont Pélerin, le 31 janvier 1105. Il eut sa part d'une excommunication lancée le 10 des kalendes de mai 1122, par une bulle du pape Calixte II pour avoir, avec Guillaume de Sabran, Raymond de Meynes et Alphonse comte de Toulouse, ravagé l'abbaye de St-Gilles. Le 11 des kalendes de novembre 1131, eut lieu une déclaration de l'archevêque de Narbonne et de l'évêque d'Apt sur la restitution faite par le comte de Toulouse, avant de partir pour la Palestine, des biens volés à l'abaye de St-Gilles. A cette restitution était présent Béranger Richard des Baux fils de Raymond des Baux.

Au mois d'août 1118, ce même Raymond des Baux avait armé sept vaisseaux pour aller secourir Raymond Béranger, comte de Provence et de Barcelonne, son beau-frère, dans une expédition aux îles Baléares. Il en chassa les Sarrasins établis à Majorque et dont les pirateries infestaient la Méditerranée. De concert avec sa femme Stéphanette, il donna aux chanoines de St-Trophime d'Arles, les églises de St-Nicolas et Notre-Dame de Marignane, pour 200 sols melgoriens. Par son conseil, la terre de Gernica, entre Beaucaire et Tarascon, fut cédée à l'archevêque d'Arles. Le 10 août 1146, il rendit hommage à l'empereur Conrad et reçut confirmation des fiefs possédés par son père ou apportés par sa femme. Le lendemain, une bulle impériale scellée d'or lui conféra le droit de battre monnaie à son coin à Arles, Aix et Trinquetaille. Il est regardé comme ayant, en 1147, fondé l'abbaye de Sylvecane, de l'ordre de Citeaux, près la Roque, au diocèse d'Aix. On croit qu'il y fut inhumé dans un mausolée encore visible au commencement du XVIe siècle et détruit plus tard par les Calvinistes. A cette époque, la famille des Baux possédait, depuis 1112, le château de la Carbonnière, situé à Arles, entre le théâtre et l'amphithéâtre.

Par une de ces grandes alliances que nous avons mentionnées, Stéphanette fille unique de Gilbert, comte de Provence, avait apporté à Raymond des Baux les terres dites Baussenques et des prétentions à la couronne de Provence, prétentions opposées à celles de la maison de Barcelone. Ces dernières étaient fondées sur les conditions du partage fait en 1125 entre les deux sœurs, Doulce, comtesse de Barcelone et Faydide, comtesse de Toulouse. D'après ce testament, à défaut de postérité mâle, le comté de Provence devait passer dans la branche de Barcelone. Gilbert vécut peu et ne laissa qu'une fille, Stephanette des Baux, qui, soutenue par son mari et les princes des Baux ses fils, Hugues, Guillaume, Gilbert et Bertrand, s'empara de la Provence comme succession paternelle au détriment du jeune Béranger dont le père venait de mourir à Melgueil tué par des pirates, et dont la tutelle était entre les mains de Raymond le Vieux, comte de Barcelone. En agissant ainsi, les princes des Baux servaient les vues de l'empereur.

Déjà, Raymond des Baux s'était une fois déclaré contre les comtes de Provence pour Alphonse Jourdan, comte de Toulouse. En reconnaissance de ce service, et voulant se venger de ce que le seigneur de Montpellier avait conclu, sans sa participation, le mariage du jeune Raymond Béranger avec Béatrix, fille unique du comte de Melgueil et sa pupille, le comte de Toulouse accourut en armes sur le Rhône, pour se joindre à ses parens les seigneurs des Baux. La comtesse de Toulouse vint à Arles s'interposer comme médiatrice, mais ne put rien obtenir.

Malgré les intentions conciliantes du vieux Raymond, la Provence fut donc remplie de ravages et se couvrit de troupes armées. Tout ce que nos contrées méridionales comptaient alors d'illustres familles, se rangea sous la bannière de Barcelone ou sous la comette à seize rayons d'argent en champ de gueules, blason de la maison princière des Baux. Parmi ceux qui tenaient pour le jeune comte de Provence, on remarquait : Bernard d'Agoult, Arnaud de Flotte, cousin du comte ; Guillem de Pontevès, Rostang Guil, Porcelens des Porcelets, Béranger de Tourves, Guillaume de Simiane, Gérard Amic, Hugues d'Oraison, Raymond Geoffroy de Fos, Bertrand de Castellane, Bertrand de Signe, Albert d'Allamanon, Pons de Mérindol. Dans le parti contraire marchaient : Rostang et Guillaume de Sabran, Guiraud de Simiane, Boniface de Castellane, Hugues et Guillaume des Porcelets, Geril d'Ayguières, Isnard et Rostang de Tarascon, Hugues de Rochemaure, Geoffroy de Tourves, Geoffroy de Marseille, Raymond d'Uzès, Rostang et Guillaume de Gantelme, Rostang de Quiqueran, Gantelme Rambaud, Bernard de Beaulieu, Bertrand d'Allamanon, Bernard Rocher comte de Foix, et le comte de Toulouse. On le voit, jamais la discorde politique ne divisa plus ouvertement et dans leur sein même les plus illustres familles.

Cette guerre augmenta l'importance des Baux ; les populations environnantes vinrent se grouper autour du château ; elles y trouvèrent protection et participèrent à ses priviléges, il en résulta une grande bourgade qui prit bientôt le titre de ville et s'entoura de remparts.

Maîtres de 79 villes, bourgs ou châteaux dits Places-Baussenques libres de tout péage ou impôt et dont ils auraient pu augmenter le nombre s'ils n'eussent pas attribué, dit-on, une influence magique à la combinaison du 7 et du 9, les princes des Baux étaient à cette époque une puissance formidable. Aussi Raymond, Stéphanette et leurs fils, portèrent-ils dans cette guerre le plus grand acharnement. La défense fut vigoureuse. Attaqué à la tête de ses troupes devant Trinquetaille, le jeune comte de Provence battit

Raymond des Baux et le força d'abandonner un de ses châteaux près du Rhône. Il fut blessé pendant cette action.

Tandis que, par d'habiles négociations, le comte de Barcelone obtenait la soumission de plusieurs nobles ou prélats, et recevait à Tarascon leur hommage au nom de son pupille, l'empereur Conrad III étant venu à Arles en 1146, Raymond des Baux et sa femme obtinrent de lui l'inféodation de la Provence, avec privilége de battre monnaie à leur propre coin à Arles, Trinquetaille et Aix, à l'exclusion de toute monnaie étrangère, sans préjudice pourtant du privilége de l'archevêque. La formule de cette investiture désignait toutes les terres que le comte Gilbert et la comtesse sa femme, père et mère de Stephanette, avaient possédées dans l'*état le plus brillant de leur fortune ;* c'était, à mots couverts, le comté de Provence.

Après plusieurs alternatives de succès et de revers, Raymond des Baux mourut en se rendant à Barcelone. Le vieux Raymond ne lui survécut pas longtemps ; ce fut à Barcelone que son pupille apprit ce malheur. Harcelé par Stéphanette il se défendit avec courage. Le roi d'Aragon intervint, et, de guerre lasse, les deux partis convinrent, au commencement de l'hiver, d'une trêve de cinq ans.

Mais cette trêve ne mit pas fin aux calamités de la Provence ; des troubles partiels l'agitaient encore. A l'instigation des principaux seigneurs qui désiraient la paix, Stéphanette députa à Barcelone ses fils Hugues et Guillaume pour faire soumission à Raymond le jeune. Ce prince les accueillit bien et promit gràcieusement de se rendre en Provence pour y traiter d'une paix définitive. Stéphanette apprit avec joie cette nouvelle, fêta le retour des envoyés et attendit avec impatience. Ainsi qu'il l'avait promis, Raymond le jeune vint en Provence en 1150. Il y fut reçu par une brillante ambassade de la princesse des Baux qui lui renouvela l'assurance de ses bonnes intentions et le supplia de mettre fin aux malheurs de la guerre. Le différend fut soumis aux sages et notables de Provence, mais ceux-ci, redoutant également la puissance des deux partis, n'osèrent décider, et ce délai compromit la paix.

Cependant, une assignation fut donnée à Arles où se trouvèrent réunies les deux cours des Baux et de Barcelone. On y discuta les droits réciproques et les bases d'un traité furent convenues. D'après cet acte, Stéphanette et ses enfans firent hommage à Raymond Béranger de toutes leurs terres possédées jusqu'alors à titre de souveraineté particulière, et le reconnurent comte de Provence. Cet hommage devait être perpétuel. Aucune foire ni marché à Trinquetaille, point de mesures ni de poids particuliers, la faculté d'aborder à Trinquetaille donnée aux pèlerins et autres étrangers venant de la mer, telles furent les conditions signées par les deux parties, et que sanctionnèrent de leur présence Guillaume et Rostang des Porcelets, Guillaume d'Eyguières, et Rostang de Quiqueran, gentilshommes d'Arles.

Cet accord ne fut pas de longue durée. Hugues des Baux, prince d'un caractère altier et farouche, ne s'y était prêté qu'à regret. Il intrigua bientôt contre le comte de Provence, obtint de l'empereur Frédéric, roi d'Arles, le renouvellement de l'investiture donnée par Conrad III, et refusa la soumission et l'hommage convenus. Sommé de rendre Trinquetaille qui passait pour la plus forte place possédée par la maison des Baux, il répondit qu'un traité pour lequel on avait abusé de sa jeunesse ne lui imposait aucune obligation. Quelques seigneurs de Provence et de Languedoc intervinrent et voulurent se porter caution pour la reddition de Trinquetaille, mais l'obstination du prince des Baux fit échouer cette négociation. Les Arlésiens, le comte de Toulouse, Boniface de Castellane, et plusieurs seigneurs, s'unirent à lui. Raymond Béranger attaqua Arles et s'en empara ; puis il mit le siége devant le château de Trinquetaille, mais ce siége dut bientôt être levé. Ces événemens se passaient en 1155. Malgré cet échec la guerre continua, et, en 1161, après avoir pris le château des Baux, ravagé ses environs ainsi que trente places Baussenques, Raymond Béranger revint avec de plus grandes forces assiéger Trinquetaille. Cette place ne put être réduite qu'à l'aide d'un fort en bois porté par des bateaux et qu'on amena sur le fleuve. Ce fort, alors très en usage, contenait deux cents chevaliers abrités par des tours et des remparts ; il devait faire pleuvoir sur Trinquetaille d'énormes projectiles. Lorsqu'on le fit avancer, la terreur s'empara des assiégés ; la place fut rendue et démantelée par le vainqueur. Après l'expulsion des Sarrasins, le siége de Trinquetaille est l'événement dont il est parlé avec le plus d'éclat dans les traditions provençales. Une ancienne charte porte pour date *l'année où le comte de Provence assiégeait Trinquetaille.* Un nouveau traité fut signé, d'après lequel Stéphanette et ses fils s'engageaient à remettre au comte de Provence le château de Trinquetaille toutes les fois qu'ils en seraient requis. Guillaume et Rostang de Sabran, Raymond et Guillaume de Roquemaure, Etiennette de St-Gilles, Bertrand de Loudun et Bertrand d'Adhémar de Monteil se portèrent caution pour les Baux, avec promesse de se rendre prisonniers dans l'île de Vallabrègue en cas d'infraction.

Stephanette des Baux mourut bientôt après, et ses enfans lui firent de somptueuses funérailles.

Quelque définitif que parût ce dénoûment, il ne fut cependant encore que provisoire; les hostilités recommencèrent par une nouvelle rébellion du farouche Hugues des Baux, et il fallut pour les arrêter une intervention souveraine. En 1162, l'empereur Frédéric Barberousse vint à Arles se faire couronner roi d'Arles par l'archevêque Raymond de Boulens. Sa nièce Rixende d'Espagne venait d'être mariée au comte de Provence Raymond Béranger III. En considération de cette alliance, l'empereur fit expédier à Raymond de nouvelles lettres par lesquelles il lui inféodait la Provence, après avoir cassé et révoqué toutes les autres investitures obtenues par Raymond et Hugues des Baux, tant de Conrad III que de lui-même. Parmi les conditions stipulées, on remarque une redevance que le comte s'obligeait à payer en lapins avec leur peau. Par cet accord, la seigneurie de Trinquetaille était définitivement rendue aux Baux qui devaient hommage à l'empire ainsi que le comte de Provence.

Comme ceux qui l'avaient précédé, ce règlement ne termina rien. L'esprit inquiet d'Hugues des Baux l'eut bientôt annulé. Fatigué de ces révoltes continuelles, Raymond Béranger, suivant les conseils de sa femme, se rendit à Turin, où Frédéric se reposait de ses victoires de Lombardie et tenait cour plénière. Le comte de Provence s'y présenta en brillant équipage, accompagné de sa noblesse et de chevaliers provençaux. Les chants de ses poètes furent tellement goûtés par la cour impériale que l'empereur lui-même se prit à rimer dans leur idiôme. Nous avons de lui un dixain composé à la louange des diverses nations qui l'avaient secondé dans ses conquêtes, et ces quelques vers suffisent pour lui donner rang parmi les princes du gai savoir.

Lorsqu'il se fut ainsi concilié la bienveillance des dames et de l'empereur, Raymond exposa une cause que ses poètes avaient déjà gagnée à demi. Effrayé de la puissance que soulevait contre lui la révolte d'Hugues, il avait voulu s'assurer un secours imposant ; or, pour réduire un prince des Baux, ce n'était pas trop qu'un empereur. Il offrit donc et fit agréer à Frédéric son comté de Provence à titre de fief et hommage.

A la nouvelle de cette démarche, Hugues des Baux partit pour Turin et s'y présenta escorté, non de jongleurs, mais de chevaliers bardés de fer. Il exposa ses prétentions. Frédéric écouta les deux parties et se prononça en faveur de Raymond, tout en reconnaissant la souveraineté du roi de France. Enfin, réconciliés, les deux fiers rivaux se quittèrent, après avoir échangé des gages d'amitié. La Provence respira et vit briller ensemble et marcher de concert la comète des Baux et la bannière de Barcelone. A cette occasion, un traité fut signé; une des clauses portait que, si Hugues des Baux était accusé de félonie, il pourrait se laver de cette accusation par le duel avec un de ses pairs; s'il refusait le duel ou s'il était vaincu, ses terres seraient confisquées. Pendant la contestation, l'empereur avait reçu et protégé le château des Baux qui ne devait jamais être distrait de la haute puissance impériale. On n'osa pas élever cette accusation, car un duel de cette importance aurait eu un retentissement qui serait parvenu jusqu'à nous, et, nulle part, nous ne le trouvons mentionné.

L'alliance d'Arles avec la maison des Baux faillit, pendant cette guerre, amener la perte de cette ville. Les revers des princes des Baux rejaillirent sur leurs vassaux et ceux de Trinquetaille furent soumis aux mêmes impôts que les Arlésiens qui n'étaient pas chevaliers.

En 1164, Hugues des Baux fut choisi avec Pierre de Tarascon, pour aller à Nice représenter comme ambassadeur le comte de Provence. Les habitans de Nice refusèrent de reconnaître et de recevoir cette ambassade.

Pendant la nuit du 3 septembre 1166, époque

d'une foire qui se tenait à St-Gilles, un combat s'engagea sur le Rhône, entre les galères de Gênes et celles de Pise. Les premières avaient à venger des vaisseaux de leur nation précédemment brûlés. Les Pisans s'engravèrent entre Fourques et St-Gilles, et, battus par les Gènois, ne durent leur salut qu'aux princes des Baux qui favorisèrent leur retraite près de Trinquetaille, moyennant 4,000 sols de monnaie melgorienne. Leur flotte put ainsi se retirer devant Arles où elle fut ravitaillée.

Un moment abaissée, l'illustration des Baux ne tarda pas à se relever : Alphonse, roi d'Aragon, vint en Provence pendant l'année 1167, pour réclamer ce comté comme héritage de son cousin. Soutenu par les Gènois et par une partie des forces de son royaume il s'empara du château d'Albaron en Camargue. Assiégé dans le château d'Albaron-lès-Arles et réduit à fuir par le comte de Toulouse, il ne fut sauvé que grâce au secours de Bertrand des Baux qui le fit monter en croupe sur son cheval, traversa ainsi la Camargue, passa à la nage la principale branche du Rhône et conduisit le roi d'Aragon à Arles où il fut reçu avec honneur. Ce prince parvint en effet à rétablir son autorité en Provence. Hugues des Baux lui rendit hommage en 1178 pour toutes ses terres. L'année précédente, le comte de Forcalquier s'étant révolté, Hugues des Baux avait été choisi pour l'exhorter à rentrer dans le devoir. Quelques historiens prétendent que, dans cette guerre où le comte de Provence soutenait les droits de sa femme contre le comte de Forcalquier, Hugues des Baux avait d'abord fait cause commune avec le comte de Forcalquier et qu'il ne prit le rôle de médiateur que forcé par les circonstances.

En 1170, Hugues des Baux fit son testament, par lequel il institua son héritier Raymond son fils, et, à défaut de lui, son frère Bertrand prince d'Orange. Il mourut bientôt après.

Pendant la période que nous venons de raconter et celle qui va suivre, les souvenirs de guerre ne sont pas les seuls qui s'éveillent au nom des Baux; il en est de plus touchans et que préfère le cœur du poète.

Fouquet, surnommé de Marseille, poète provençal, se rendit agréable à Berald prince des Baux, comme il avait déjà su l'être au roi d'Angleterre Richard et à Raymond comte de Toulouse. Il s'éprit d'Adélasie femme de Berald son maître, pour l'amour de laquelle il chanta de fort belles et doctes choses sans toutefois rien avancer. Berald, Adélasie et tous les princes qui l'avaient protégé étant morts, le poète en conçut une si grande douleur qu'il se fit moine de l'ordre de Citeaux, fut élu abbé du Thoronet, évêque de Marseille et enfin archevêque de Toulouse, où il guerroya contre les Vaudois et mourut, en 1213, laissant beaucoup de belles et grâcieuses compositions, et, entre autres, la complainte de Berald des Baux sur la mort d'Adélasie. Ce poète, doué d'une beauté, d'une valeur et d'une grâce singulières, enseigna à ses contemporains l'art de rimer avec élégance. Dante l'a placé dans son paradis.

Un autre poète, Guilhem de Cabestan, devint amoureux de Bérangère des Baux et lui inspira une passion si forcenée, qu'elle voulut le posséder sans partage. Par le conseil d'une sorcière elle lui donna un philtre dont la violence le fit tomber en convulsion et lui troubla l'esprit. Guéri par un médecin de ses amis, il conçut de l'aversion pour Bérangère, l'abandonna et adressa ses hommages à Tricline Carbonnelle, dame du Roussillon, femme de Raymond de Seillans, seigneur brutal et jaloux. Tricline aima le poète avec emportement. Son mari en prit de l'ombrage; un jour, ayant rencontré Guilhem seul dans la campagne, il le tua et lui arracha le cœur qu'il fit apprêter et servir le soir à sa femme; comme elle vantait la délicatesse du morceau, Raymond lui montra d'une main furieuse la tête sanglante de son amant. Une dame des Baux inspira une passion poétique à Raymond de Salas, et, parmi les poètes provençaux du XIIe siècle, nous trouverons cité Berard des Baux.

Les troubadours étaient accueillis et fêtés à la cour des Baux; ils y venaient d'Espagne et d'Outre-mer, et s'en retournaient comblés de présens et magnifiquement vêtus. Exaltée par les louanges de ces poètes, la valeur des princes des Baux se signalait dans la lice des tournois avec autant d'éclat que sur les champs de bataille; le premier seigneur nommé dans la description d'un tournoi tenu en Provence vers la fin du XIIe siècle, est Bertrand II des Baux: « Son cheval, dit la chronique, avait belle encolure et larges flancs. Bertrand parut si rude au choc qu'il renversa avec sa lance le brave Raymond d'Argoult de Sault et fit boiteux vingt chevaux sans recevoir lui-même aucune blessure. » A ce tournoi assistait aussi Barral des Baux vicomte de Marseille.

Nous avons vu que, par son testament, Hugues des Baux avait légué ses terres à son fils Raymond, à charge, faute d'héritiers mâles, de les laisser à son frère Bertrand. Contrairement à ces dispositions, Raymond divisa son héritage, donna son revenu de vingt ans pour vêtir cinquante pauvres et pour en nourrir mille, et céda le pâturage libre de ses terres à toutes les maisons religieuses. Ce legs emportait le plus grand revenu de la succession. Guillaume des Baux s'étant fait moine, Bertrand se trouva le seul qui continua la race des Baux.

Bertrand réclama à Arles devant l'empereur Frédéric; l'empereur, en son lit de justice, confirma le testament d'Hugues, en fit jurer l'observation, et renouvela à Bertrand des Baux et à ses frères le privilége de marcher enseignes déployées des Alpes au Rhône et de l'Isère à la Méditerranée; il lui donna la couronne, tous les insignes et toutes les prérogatives de la souveraineté et confirma le droit de battre monnaie d'argent, d'or et d'airain.

Ce même Bertrand avait épousé Tiburge, fille de Rambaud prince d'Orange. Rambaud mourut en 1175 sans enfans mâles. Par son testament, la principauté d'Orange passa dans la maison des Baux en la personne de Bertrand mari de l'héritière. En 1179, l'empereur Frédéric ayant cédé le royaume d'Arles à son fils Philippe, le couronnement fut célébré à Arles. Bertrand des Baux assista à cette solennité; il reçut de l'empereur le droit de se qualifier prince d'Orange et d'en prendre les armes avec la couronne de souverain. Depuis cette époque, les princes des Baux possédèrent la principauté d'Orange par indivis avec les chevaliers de l'ordre de St-Jean-de-Jérusalem qui en devaient une partie à la libéralité des derniers princes de la maison d'Adhémar (*).

Ainsi furent accrues l'illustration et la puissance de la maison souveraine des Baux. Malgré son importance jusqu'alors, c'est ici que commence l'époque de sa plus grande splendeur ; nous la verrons bientôt se répandre en Italie, y apporter son esprit aventureux et laisser des traces de son sang depuis la terre d'Espagne jusqu'aux sables de Palestine. Dans ces siècles étranges, au sein de tous ces mouvemens où se dessinent tant de figures extraordinaires, celle des princes des Baux se fait toujours remarquer par une fierté sauvage qu'ils semblaient tenir du roc leur berceau.

En 1195, les Arlésiens ayant cédé un terrain aux moines de Montmajor, exceptèrent de ceux en faveur desquels ils permettaient d'en disposer les princes des Baux dont la puissance alarmait leur caractère indépendant.

Bertrand des Baux ayant pris le parti du comte Alphonse contre le comte de Toulouse, celui-ci le fit assassiner en 1181. Il laissa deux fils, Bertrand et Guillaume des Baux. Entrés en possession du domaine de leur père, l'année suivante, ils donnèrent à l'abbesse de St-Césaire les pâturages de la Crau et de la Camargue.

(*) Les comtes de Provence recevaient les deux hommages et touchaient un tiers des péages du Rhône.

Raymond et Guillaume des Baux disputaient à Hugues Sacristain quelques droits sur Vénasque et les environs. Cette querelle causait des ravages, des combats journaliers. Elle fut terminée par la médiation de Guillaume des Porcelets, et la paix fut signée à Arles devant les trois consuls en novembre 1201.

Couronné roi d'Arles dans cette ville en 1201, Alphonse, duc de Saxe, en nomma gouverneur à son départ Guillaume des Baux prince d'Orange.

L'intervention conciliatrice de l'empereur Frédéric semblait avoir mis fin à la querelle des princes des Baux et des comtes de Barcelone qui, en se disputant la souveraineté de la Provence, divisèrent pendant un demi-siècle et ravagèrent cette contrée, lorsqu'en 1202, Raymond des Baux, fils de Hugues, vicomte de Marseille, se révolta contre Alphonse d'Aragon, comte de Provence, et voulut en même temps dépouiller son père. Il réunit une troupe de vagabonds et de gens sans aveu, à la tête desquels il parcourut la Provence, se livrant à toute sorte d'excès. Réprimandé par Alphonse, supplié par son père, il n'en continua pas moins ses violences. Alphonse, courroucé, envoya contre lui son fils avec ordre de l'amener mort ou vif. Surpris près de sa ville, Raymond des Baux fut amené devant le comte de Provence et mis en prison ; mais, quelque temps après, il en sortit à la prière des gentilhommes provençaux en payant une rançon d'argent. Devenu l'ami d'Alphonse, il lui rendit hommage en présence de son père. Cette capture était d'une telle importance que les habitans d'Aix qui y contribuèrent le plus obtinrent en récompense la faculté de couper du bois et de faire paître à cinq lieues autour de leur ville. C'est probablement pendant cette guerre que doit être placée la prise de Trinquetaille, mentionnée par un historien comme ayant eu lieu en 1204. Un traité définitif fut conclu pour régler les droits des princes des Baux sur le bourg neuf d'Arles et sur Trinquetaille. Par ce traité, Alphonse donna aux princes des Baux les seigneuries de Morières et de Malmusanne et les confirma dans toutes leurs possessions et prérogatives. A cet accord était présent Guillaume des Baux fils de Bertrand prince d'Orange.

Pendant les tempêtes élevées en Allemagne par la mort de l'empereur Henri VI, les Arlésiens regardèrent l'empire comme vacant. Divisés pour l'élection des consuls, ils furent mis d'accord en 1206 par leur archevêque Michel de Morières. Celui-ci nomma des magistrats qui devaient pendant une année gouverner la principale portion d'Arles appelée le Bourg. Les troubles continuèrent cependant et donnèrent l'éveil aux puissances voisines. Le comte de Provence voulut réunir cette ville à ses états. Averti en secret par ses partisans, et renseigné sur les moyens d'arriver à dominer Arles, Hugues des Baux fut élu premier consul. Les Arlésiens crurent se donner ainsi un protecteur. Hugues saisit cette occasion pour achever de se réconcilier avec le comte de Provence et lui soumit Arles. Il mécontenta ainsi les Arlésiens. Aussi, à l'élection de nouveaux consuls, ne réussit-il pas à faire nommer ceux qu'il désirait.

Le comte Alphonse se rendit à Arles en juillet 1207.

Par l'entremise de Guillaume des Porcelets, seigneur d'une partie du vieux bourg, un traité fut conclu avec Hugues des Baux, d'après lequel le comte reconnut à Hugues la possession du bourg neuf d'Arles et de son district en pleine seigneurie, sans aucun devoir envers les comtes de Provence, en reconnaissance de ses bons services. Cette convention demeura sans effet par la mort d'Alphonse II.

Malgré ce que nous avons dit du caractère des princes des Baux, ils ne dédaignaient pas la gloire des lettres. Nous les avons déjà vus protéger hautement la poésie; ils l'ont eux-mêmes cultivée avec succès. En 1210, Guillaume IV des Baux, prince d'Orange, est cité comme un des meilleurs poètes provençaux. Ce prince eut deux puissans ennemis: Raymond comte de Toulouse et le poète Guy de Cavaillon; sa mort fut tramée par le premier, et son nom raillé par le second à propos des deux aventures suivantes. Un marchand dépouillé par lui se plaignit au roi de France qui lui permit de se faire justice lui-même; le marchand contrefit le sceau royal sur une lettre qui mandait Guillaume pour lui faire honneur. Le prince se mit en route avec le plus grand empressement; mais, surpris et arrêté par le marchand, il fut forcé de lui faire réparation. Une autre fois, étant en guerre avec Aymard de Poitiers, il ravagea ses terres de Valentinois et de Die. Comme il longeait le Rhône en revenant de cette expédition, il fut pris par des pêcheurs et livré à Aymard, des mains de qui il ne sortit qu'après bonne rançon.

En 1217, la couronne d'Arles et de Vienne avait

passé dans la maison des Baux en la personne de Guillaume des Baux prince d'Orange, surnommé Delcournas. Il avait été installé à ce titre par l'empereur Frédéric; espérant faire valoir un jour cette concession, il tenait le parti des Croisés contre les Albigeois. A l'instigation du comte de Toulouse, les Avignonnais le surprirent près de leur ville et l'écorchèrent vif. Le pape indigné lui chercha des vengeurs. Ce prince laissa d'Alix sa première femme un fils nommé Guillaume, et de sa seconde femme, Hermengarde de Sabran, un autre fils, nommé Raymond et deux filles.

Raymond des Baux, seigneur de Trinquetaille, fonda, à la pointe de l'île de Camargue, au bord du Rhône, un couvent pour les cordeliers ramenés par lui de la Palestine où ces religieux s'étaient distingués contre les infidèles. On voit les restes de ce couvent quand les eaux sont basses. Le 4 avril 1219, Hugues des Baux, vicomte de Marseille, prêta serment à l'archevêque Hugues de Bourdy pour son château de Trinquetaille.

Après la mort de Blacas, baron généreux et guerrier cité parmi les neufs preux de Provence, un poète provençal, Sordel, composa un chant où il convoquait les rois et seigneurs de son temps à manger le cœur de ce prince. Nous lisons dans cette étrange et énergique composition : « Que la dame Rambaude des Baux en prenne aussi un bon morceau, car elle est belle, bonne et vraiment vertueuse; qu'elle le garde bien elle qui garde si bien son honneur. » Comme l'intention générale du chant était satirique, le sens de ce passage est au moins fort équivoque.

Vers la même époque, les belles-lettres et les études scientifiques étaient cultivées dans la maison des Baux, par Béral des Baux, seigneur de Marseille. Il avait rassemblé une grande quantité de livres arabes sur l'astrologie. Cette lecture le rendit superstitieux. Un jour, comme il partait pour Avignon avec tout son train de voyage, il rencontra une vieille femme qui profitait, pour herboriser, des premières clartés de l'aube et regardait tantôt la terre tantôt le ciel. A son aspect, Béral fit un signe de croix et lui demanda si elle avait vu un corbeau ou quelque oiseau pareil : « Oui, répondit la vieille, sur le tronc d'un saule mort. » Béral compta sur ses doigts quel était le jour de l'année et tourna bride. Selon le Monge des Iles d'or, il était ami des poètes et bon poète lui-même. Il mourut en 1229, à son palais de Marseille, par suite de l'émotion que lui causèrent des oiseaux noirs qui, pendant qu'il dînait, vinrent se poser sur un toit vis-à-vis sa fenêtre.

Les guerres soutenues par les princes des Baux avaient nécessité des dépenses d'où résulta le démembrement de leur patrimoine. Leurs créanciers firent saisir la terre de Villeneuve en Camargue, le château de Montpahon près des Baux, et les péages du Rhône. Pour se libérer, Hugues des Baux vendit, le 1er janvier 1225, à la communauté d'Arles, le vaste étang de Valcarès situé au centre de la Camargue, ainsi que tous les droits et facultés attachés à la possession de cet étang qui, par des canaux, communique avec la mer ; entr'autres droits, celui d'obliger les habitans des campagnes de Camargue à venir une fois l'an fermer ces canaux. A cette vente était jointe celle d'un lieu du voisinage nommé Lone-Longue et de vignes précédemment achetées aux chevaliers du Temple de la maison d'Arles.

En paiement de ce qu'il devait aux Marseillais, ce même Hugues des Baux leur avait abandonné la portion de vicomté qui lui appartenait du chef de Barale sa femme. En 1226, il la réclama. Redoutant sa domination, les Marseillais résistèrent. Hugues eut recours au comte de Provence, qui craignant de désobliger la ville de Marseille, ne voulut pas se mêler de cette affaire. Hugues s'adressa à l'empereur Frédéric II; ce prince écrivit en sa faveur et commanda aux Marseillais de se soumettre. Les Marseillais ayant refusé, Hugues obtint un second ordre plus impératif, sous peine pour Marseille d'être mise au ban de l'empire. Les Marseillais députèrent vers l'empereur; mais, au lieu d'écouter leurs envoyés, celui-ci les fit emprisonner, et Marseille fut mise au ban de l'empire et privée de ses droits. Les Marseillais cherchèrent à faire la paix avec Hugues en lui offrant une grande somme; mais, à son tour, Hugues refusa. Thomas, comte de Savoie, supplié par les Marseillais d'intervenir, n'y consentit pas et se tint à l'écart. On ne se mêlait pas volontiers des affaires des Baux. Cependant Hugues s'inquiétait de ne pas voir réussir ses prétentions. Il eut recours au légat du Pape qui le calma et, par ses négociations, amena un accord d'après lequel Hugues se désista moyennant une somme de 46,000 sols royaux, une rente perpétuelle de 3,000 sols et la restitution des terres saisies.

En 1228, Guillaume des Baux, prince d'Orange, voulut s'emparer du royaume d'Arles en vertu de l'ancienne investiture donnée par Frédéric II. Roland George de Savoie, podestat d'Arles, lui opposa une courageuse résistance.

L'année 1231 vit régner la discorde entre les habitans des comtés de Provence et de Toulouse dont les uns tenaient le parti des Catholiques et les autres celui des Albigeois. Hugues des Baux avait quitté son seigneur naturel le comte de Provence et s'était joint au comte de Toulouse. Béranger irrité confisqua ses villes et châteaux et le fit prisonnier à une bataille. Cependant, des envoyés du comte de Toulouse, auxquels s'étaient joints ceux de la ville d'Arles qui, alors république indépendante, malgré les prétentions des têtes couronnées, n'avait pas voulu se prononcer dans une guerre qu'elle déplorait, apportèrent des propositions de paix au comte de Provence. Avec l'agrément de Béranger, ils visitèrent dans sa prison le prince des Baux et celui-ci se fit fort d'amener l'accord désiré si on le relâchait afin qu'il pût aller en conférer avec le comte de Toulouse. Sa proposition fut acceptée et une rançon convenue pour le cas où, échouant dans sa négociation, il ne voudrait pas rentrer en prison. Il se rendit auprès du comte de Toulouse. La paix fut arrêtée, et Béranger, en témoignage de satisfaction, rendit à Hugues ce qu'il lui avait confisqué. Ce prince fut depuis l'ami et le serviteur loyal des deux comtes qui, par son entremise, vécurent en bon accord.

En 1234, mourut Gilbert des Baux, seigneur

d'Aubagne. Contre la façade de l'église de Toulon, on voyait une pierre qui le constatait avec cette inscription :

Qui tumulum cernis
Cur non mortalia spernis.

En 1233, Barral des Baux était sénéchal du comté Venaissin pour le comte de Toulouse. Le Pape Grégoire IX voulut garder ce comté qu'il travaillait à purger de l'hérésie des Albigeois. Après tous les moyens respectueux, le jeune comte Raymond en vint aux armes. Barral des Baux, à la tête des seigneurs dévoués à cette cause, et suivi des troupes fournies par l'empereur Frédéric II, lui soumit les principales places du pays. Pendant qu'il assiégeait Mornas, l'archevêque d'Arles, légat du pape, l'excommunia par sentence fulminée à St-Gilles, le 3 janvier 1236; ce qui ne l'empêcha pas d'achever la conquête du Venaissin et de rétablir Avignon dans ses privilèges. Il rendit hommage à l'archevêque d'Arles, pour les ports de cette ville et du faubourg, pour le petit cours du Rhône, les châteaux de Trinquetaille, de Fourques et de Cornillon. Il lui promit à la fête de St-Trophime, une redevance de dix paires de lapins et s'engagea à le protéger; celà ce passait le 4 janvier 1238.

En 1236, Rambaud des Baux, coseigneur de Courteson, s'appliqua à la poésie provençale et fit des vers à la louange de Marie de Châteauvert et de la comtesse d'Argueil, dame de la cour d'amour.

On lit dans César de Nostradamus qu'en 1237

Raymond des Baux seigneur de Meyrargue, Puyricard, etc, se révolta contre Raymond Béranger comte de Provence, avec Rosalin de Fos et Raymond Geoffroy vicomte de Marseille. Assiégés dans cette ville, et près d'être forcés, ils firent armer et promener sur les remparts quatre cents femmes. Lorsque la place fut rendue, le comte ayant parlé de ces belles troupes qu'il avait vues parader sur les murailles, on avoua le stratagème; il en fut tellement frappé et tellement égayé qu'il pardonna aux révoltés vaincus.

En 1240, le comte de Provence obligea Guillaume des Baux prince d'Orange, qui se prétendait roi d'Arles, à lui rendre hommage.

La même année, Guillaume des Baux et Guillaume Bertrand des Porcelets guerroyaient pour les limites des terres des Baux, Fos, et St-Géniés. Jean Baussan, archevêque d'Arles, intervint. Un compromis fut passé, stipulant une amende de 16,000 marcs d'argent contre celui qui le violerait. Guillaume des Baux souscrivit un acte qui permettait à cet archevêque d'unir à son siége le château de Châlons. Il donna cent sols de rente sur la ville de Berre aux moines de St-Pons, confirma le don qui leur avait été fait par son père, rendit hommage à l'archevêque pour le pont de St-Géniés et la Crau d'Istres et mourut en avril 1266, laissant d'Eugaris de Tournel sa femme, Bertrand et Clarette des Baux.

En 1244, on citait Cécile des Baux, surnommée Passe-Rose, à cause de sa merveilleuse beauté.

Le 10 juillet 1245, Barral des Baux, avait renouvelé dans le cloître de Beaucaire, en présence de plusieurs évêques, l'hommage prêté en 1238 et y reçut l'investiture des seigneuries de Villeneuve, de Méjane et de toute la Camargue. La même année, il assista à la sommation faite par le comte de Toulouse aux évêques de ses états, pour qu'ils y exerçassent l'inquisition. Nommé pour la deuxième fois podestat d'Avignon, en 1243, il le fut encore depuis 1249 jusqu'à la fin de 1251 et soutint les Avignonnais dans leur gouvernement républicain.

En 1251, l'abbesse de St-Césaire donna à titre de nouveau bail à Barral des Baux, les châteaux de Mirabel, Vinsobre et Nions. Le 15 octobre, Bertrand des Baux seigneur de Marignane, confirma les privilèges accordés à l'ordre de St-Jean-de-Jérusalem, par Raymond des Baux.

Des événemens d'une plus haute importance nous forcent à revenir un peu sur nos pas.

Pendant l'été de 1240, le comte de Toulouse, ayant résolu de remettre la ville d'Arles sous la puissance de l'empire, pénétra dans la Camargue avec une grande armée et s'empara de Trinquetaille, place qui appartenant à Barral des Baux, ami du comte de Toulouse, fut probablement livrée par Barral. Le roi de France, Louis IX, intervint; le siége fut levé et Trinquetaille rentra dans la possession du prince des Baux. Pour se venger de Barral, les Arlésiens guerroyèrent contre lui, s'emparèrent de Trinquetaille et de quelques autres places en Camargue et firent jurer aux habitans de ne plus se soumettre à la domination du prince de Baux.

En punition de la félonie de Barral contre l'église

d'Arles, l'archevêque de cette ville confisqua par droit de commise les revenus des terres saisies. Barral négocia ; la paix fut conclue le 21 décembre 1245, et les terres et priviléges confisqués furent rendus. Une occasion se présenta bientôt à Barral de faire oublier d'une manière éclatante ses torts envers les Arlésiens.

Le comte Charles d'Anjou avait manifesté des projets contre la ville d'Arles. L'archevêque de cette ville, Jean Baussan, fut suspect de favoriser ces projets. Les Arlésiens entrèrent en lutte contre lui, soumirent le clergé aux impôts, refusèrent la dîme et renouvelèrent une espèce d'interdit lancé en 1235, contre les ecclésiastiques. L'archevêque répondit en obtenant et fulminant des bulles papales et des sentences d'excommunication. Il se retira à l'église champêtre de St-Pierre-du-Camp-Public, près de Beaucaire. Ce fut alors que Barral des Baux se montra dans Arles. Il se déclara pour les Arlésiens. Voulant capter leur confiance afin de s'assurer plus tard une composition plus favorable avec Charles d'Anjou devenu comte de Provence, Barral se déclara hautement l'ami des excommuniés et l'ennemi de tous ceux qui se feraient absoudre. Il devint ainsi l'idole et le chef de la multitude. Aidé du légat évêque d'Alban, Jean Baussan voulut revenir à Arles ; l'entrée lui en fut refusée à l'instigation de Barral qui avait alors l'autorité d'un magistrat, moins le titre. Ce titre lui fut bientôt décerné par l'enthousiasme des Arlésiens, et douze citoyens choisis à cet effet par le conseil de la république le nommèrent podestat, sans tenir compte de la loi qui excluait tous ceux que l'on pouvait considérer comme citoyens d'Arles ou qui possédaient quelque bien dans le district de la république. L'archevêque protesta inutilement contre cette nomination. Des chanoines chargés de ses lettres furent annoncés au podestat : « Donnez-moi ces lettres, s'écrie Barral, je les ferai lire en plein conseil. » Les missives lui sont remises ; il entre dans la salle des assemblées où il fait introduire les envoyés. Mais, à la lecture de ces lettres, il s'élève une rumeur telle que l'on conseille aux chanoines députés de s'esquiver au plus vite, sans avoir pu retirer leurs lettres ni obtenir la moindre conférence avec le podestat. Le zèle de Barral était loin d'être ce qu'il paraissait ; à la fois podestat d'Arles et d'Avignon, ambitieux mais sans fortune, peu après son installation dans cette dernière ville, il fit un voyage en France, et, le premier mars 1249, traita avec la reine Blanche régente du royaume, s'engageant à soumettre Avignon au comte de Poitiers et Arles au comte d'Anjou, ou bien, s'il ne pouvait y réussir, à se démettre de ses gouvernemens et même à leur déclarer la guerre un mois après Pâques. Pour prix de cette trahison, il réclama de la reine et de ses fils, l'oubli du passé et prit un mois pour l'exécution du traité. La captivité des princes en Egypte rendit cette convention inutile, ou peut-être Barral ne travailla-t-il que faiblement à son exécution. Son fils et tous ses biens avaient été cependant engagés comme garanties.

En 1250, Jean Baussan lança un interdit sur Arles et sur toutes les terres Baussenques ; on s'en alarma peu. Sur ces entrefaites, le comte d'Anjou et de Provence revient de Palestine, débarque à Aiguesmortes et se dirige sur Arles. L'archevêque vient le trouver à Nimes, lui rend hommage et lui soumet par un acte la ville d'Arles. Les hostilités recommencent; les Arlésiens partagent les prises dont une est acquise par Barral, qui, pour le paiement, fut obligé d'hypothéquer ses terres. L'hiver et le commencement du printemps se passèrent ainsi. En avril, le comte de Poitiers vint joindre ses troupes à celles de son frère; le siége d'Arles fut poussé avec vigueur. Barral des Baux était sorti d'exercice; les podestats qui lui succédèrent manquaient d'habileté. Barral se tint à l'écart occupé de la sûreté de ses états et la ville se rendit.

Ainsi finit la république d'Arles, par la trahison de Barral des Baux. Voulant faire sa paix avec le comte, ce prince se rendit au château de Vincennes, en mars 1252; Alphonse lui pardonna et lui rendit ses fiefs du comté Venaissin. En rendant hommage, il promit de ménager ses vassaux et d'aller servir deux ans en Terre-Sainte à ses frais, avec neuf chevaliers et dix arbaletiers. Il avait fait solliciter cette réconciliation par la reine-mère.

Dans une rébellion des Marseillais, ce même Barral commanda les troupes du comte de Provence, s'établit dans l'église de St-Victor et réduisit les révoltés.

Lorsqu'en 1264, Charles d'Anjou fut appelé par le Pape à la couronne de Naples, Barral et plusieurs seigneurs de la maison des Baux, le suivirent et le secondèrent vaillamment dans l'expédition entreprise pour prendre possession de ces nouveaux états. Il en fut fait grand justicier en 1266. Son fils, Raymond des Baux, commandait l'avant-garde à la bataille de Bénévent contre Mainfroy. Barral fut nommé par le roi gouverneur de Milan sous le titre de podestat. Il reprit plus tard ses fonctions de grand-justicier et mourut dans leur exercice en 1270. Le 4 décembre 1258, il avait prêté hommage à l'archevêque de St-Martin, successeur de Jean Baussan, pour son château de Trinquetaille. Il eut une fille naturelle nommée Marie, qui épousa Bertrand des Porcelets; l'irrégularité de la naissance n'était plus une tâche lorsqu'il s'agissait du sang des Baux. De sa femme Sibylle d'Anduze, il laissa deux enfans : cette Cécile que sa grande beauté fit surnommer Passe-Rose et Bertrand qui lui succéda dans sa charge.

Après l'entrée de Charles d'Anjou dans Naples, on trouva au château Capuan le trésor de Mainfroy; le roi se le fait apporter, demande des balances pour en régler le partage et charge de cet office Bertrand des Baux. Le prince Provençal divisant alors avec ses pieds l'or en trois portions à-peu-près égales : « Sire, l'une est pour votre Majesté, l'autre pour Madame la Reine et la troisième pour vos barons et chevaliers.» Charles satisfait, lui donna un revenu de quatre cents écus d'or, douze châteaux dans l'Abruze et le comté d'Avelin que sa postérité posséda longtemps.

Aux cours d'amour, tenues à Signe en 1270 et 1275, on remarquait Clarette des Baux, célébrée par Pierre d'Auvergne poète provençal, et Alix ou Alasie des

Baux. Alasie aimait son parent Bertrànd Rambaud de Simiane, coseigneur d'Apt, et lui fut fiancée par son frère Raymond, par acte passé dans la salle peinte de la maison haute de Meyrargue, avec promesse d'obtenir des dispenses papales.

En 1282, lorsque Charles Ier choisit cent chevaliers pour le seconder dans le duel convenu avec le roi d'Aragon, il nomma en première ligne Bertrand et Raymond des Baux. Dévoué comme son père à la maison d'Anjou, ce Raymond se trouvait à Orange, lorsque la nouvelle du massacre des vêpres siciliennes se répandit en France. Il s'embarqua aussitôt pour voler au secours de Charles et s'arrêta à Naples.

Après les vêpres siciliennes, Pierre d'Aragon s'était rendu maître de la Sicile. Charles étant mort, Robert d'Artois se trouvait tuteur de son fils Charles II et régent de Naples. Il envoya contre les Aragonais, cinquante galères sous les ordres de Raymond des Baux qui avait succédé à son père dans le comté d'Avelin. En peu de jours celui-ci prend Catavia qu'il fortifie, et renvoie à Naples ses galères pour aller chercher le reste de l'armée; mais elles sont rencontrées et défaites par l'amiral d'Aragon. Forcé de rendre Catavia, Raymond se retira à Naples; nommé capitaine-général de la cavalerie de Charles d'Anjou, il était campé à la Grussana près de Sinipoli en Calabre, avec 500 cavaliers provençaux. S'étant diverti tout le jour, il fut surpris pendant la nuit par un détachement de l'armée du roi d'Aragon, et tué dans le tumulte par les siens même qui ne le reconnurent pas. En 1285[1], il avait été nommé grand sénéchal de

Provence. De lui sont issues plusieurs grandes familles répandues en Italie. Charles II accrut encore la puissance de cette maison, en achetant aux chevaliers de St-Jean-de-Jérusalem ce qu'ils possédaient dans la seigneurie d'Orange, pour en faire don aux princes des Baux. Hugues des Baux est cité parmi les exécuteurs testamentaires de ce prince.

En 1287, Bertrand des Baux, comte d'Avelin, fait hommage à l'archevêque d'Arles pour le château de Trinquetaille. Un an plus tard, parmi les chevaliers laissés en ôtage a Barcelone par le roi Charles II, on remarque Hugues et un autre prince des Baux. Ces chevaliers furent reçus gracieusement par le roi d'Aragon et obtinrent la liberté de leur roi. Ces princes étaient fils de Bertrand III des Baux. Envoyé par le comte d'Artois contre la Sicile à la tête d'une puissante armée, Bertrand mit à la voile dans le port de Brindes avec quarante galères. Le 15 avril 1287, il arriva devant Agouste et s'en empara. Assiégé par Jacques roi de Sicile, il se rendit prisonnier après une belle défense le 23 juin. Le comte d'Artois le racheta tout de suite et céda pour sa rançon l'île importante d'Ischia. Lorsque le roi Charles sortit de prison, Bertrand des Baux engagea pour lui, ainsi que nous venons de le dire, ses deux fils en ôtage. Envoyé par le roi comme ambassadeur en Aragon, il conclut la paix en 1290.

En 1295, Raymond de Quiqueran est nommé par le conseil d'Arles pour fixer les limites du territoire de cette ville et de celui des Baux. L'année suivante, le roi Charles II acheta de Bertrand des Baux, comte d'Avelin, ses droits sur Pertuis. Le 19 juillet 1300, ce même Bertrand vendit à Rostang de Capre, archevêque d'Arles, la seigneurie de Trinquetaille et tous ses domaines de Fourques et du port de Rodanet. Le 13 août, il confirma cette vente par un acte passé à Salon et y joignit plusieurs autres terres considérables à Mondragon, principauté de l'archevêque. Le but de cette vente était d'acquitter ses dettes et de payer la reddition des châteaux de Bedouin et de Lauriol. Sa femme Agathe d'Agoult apprit ces ventes et les ratifia le 5 octobre.

En 1300, Bertrand des Baux, prince en partie d'Orange, se rendit à Rome pour visiter le tombeau des saints Apôtres. Il passa lui vingtième en Palestine où il mourut.

A cette époque, la maison des Baux était puissante dans le comté Venaissin; elle y avait fondé les terres de Baucet et celle des Baux. La première, placée sous l'invocation de St Pierre, était située à deux lieues au midi de Carpentras. Une clôture de murailles et le château, situé sur le sommet d'un rocher, lui donnaient un aspect imposant. Au XIIIe siècle, Raibaud des Baux en était seigneur. En 1272, il vendit une partie du Baucet à Raymond de Barjols évêque de Carpentras. La deuxième terre était un arrière fief de la seigneurie de Bedouin sur le chemin de ce bourg au Mont-Ventoux.

En 1308, Raymond II des Baux, comte d'Avellino, était capitaine-général au royaume de Naples

A la même époque, Hugues des Baux, grand sénéchal de Naples, avait été désigné comme exécuteur testamentaire par le roi Charles II.

En 1311, Bertrand des Baux, prince d'Orange, passa avec le roi Robert une convention par laquelle il s'obligea à prêter hommage entre les mains du roi, déclarant qu'en l'absence du roi, il ne le ferait que debout devant le grand sénéchal. Il fit don au roi de ses droits sur une portion de la ville d'Orange, de son territoire et du cirque romain dont on y voyait des restes.

Bertrand IV des Baux, seigneur de Berres, Istres, etc., avait suivi, en 1308, Charles II, comte de Provence au royaume de Naples; il fut nommé par ce prince comte de Montescaglioso; distinction éminente, car, jusqu'alors ce titre avait été réservé aux princes royaux. De là, lui vint le surnom de *Comes novellus*. Il ajouta encore à son illustration en épousant Béatrix d'Anjou, fille du roi Charles II. De ce mariage, il ne naquit qu'une fille, Marie des Baux, qui épousa Humbert, dauphin de Vienne. L'année suivante, il fut fait vicomte de Mizon en Provence et reçut le beau palais construit à Naples par Rostaing de Popoli. Arrivé à la couronne, le roi Robert, son beau frère, lui donna le comté de Squillacio.

En 1313, Hugues III des Baux, ex-chambellan de Charles II, roi de Naples, fut nommé par le roi Robert, capitaine-général en Lombardie. Il retablit dans Milan les seigneurs de Latour chassés par les Visconti, et compléta cette victoire, en 1315, par la prise d'Alexandrie. Surpris près du pont de Tararo et n'ayant autour de lui que cinq cents Provençaux, il fut défait, et, dit-on, assassiné par Luquin Visconti. Le vainqueur le fit inhumer avec pompe dans Alexandrie. La même année, Raymond des Baux, grand sénéchal de Provence, reçut une députation de Marseillais demandant qu'il jurât le maintien de leurs priviléges. Raymond refusa. Ce même prince commanda, en 1325, l'avant-garde du dauphin Guigues à la bataille de Varey contre le comte de Savoie; il contribua beaucoup à la victoire.

Nommé, en 1316, capitaine-général des Florentins par le roi Robert, à la place du propre frère du roi, Bertrand IV des Baux se rendit la même année à Florence avec deux cents chevaux pour y recevoir Catherine d'Autriche fille de l'empereur Robert. Le 4 février 1323, il fut nommé pour la seconde fois capitaine-général des Florentins et prié par les députés de la république de se rendre en Toscane pour s'opposer à Castruccio Castracani. Il partit de Naples avec quelques chevaux, assembla des troupes, prit la forteresse de Camignano et poursuivait sa conquête, lorsqu'il reçut l'ordre de ne pas avancer davantage de peur que la ville de Pistoye ne fût livrée à Castruccio. Les trois années de sa charge étant expirées, il retourna à Naples d'où il fut renvoyé aux Florentins par le duc de Calabre qui le leur avait promis. Reçu avec enthousiasme; il reprend le commandement des troupes, entre dans le comté de Pise pour châtier les Pisans d'avoir reçu l'anti-pape Benoît XII, et fait de si grands ravages et un si grand butin que les Pisans allarmés se plaignent à l'empereur Louis de Bavière. L'anti-pape excommunie les Florentins; Bertrand rentre en campagne. Une partie de ses troupes s'étant trop avancée fut enveloppée et défaite par les Bavarrois.

En 1320, la maison de Beuil ou Boglio, en Piémont, s'éteint dans la personne de d'Astrogia de Boglio, mariée avec Andaro Grimaldi, frère du premier seigneur de Monaco. Les armes de cette maison étaient les mêmes que celles des Baux; seulement les rais de la comète étaient d'or. La seigneurie de Boglio et ses dépendances jouissaient des mêmes priviléges, exemptions et prérogatives. Gauffiedy en conclut que leur origine était la même.

En février 1320, Raymond des Baux, prince d'Orange, fit hommage de sa principauté d'Orange au roi Robert.

Le 13 juillet 1328, Barral des Baux, chevalier de Rhodes, fut nommé commandeur de Gap.

En 1330, Suève des Baux, épousa Robert des Ursins, comte de Nolo, palatin du royaume de Naples. Il en résulta une branche nommée des Ursins des Baux. N'ayant point d'enfant, le comte de Soletto, son frère, fit héritier Raymondel des Ursins, petit-fils de sa sœur, à condition de joindre à son nom celui des Baux.

Le 15 avril de la même année, Guillaume des Baux, seigneur d'Aiguille au diocèse d'Aix, reçut la déclaration de Jourdain Viguier pour des héritages relevant de sa seigneurie.

En 1329, Bertrand des Baux avait pénétré de nouveau sur le territoire de Pise, brûlant, pillant, faisant des prisonniers et un grand butin. Il arriva ainsi jusqu'aux portes mêmes de Pise et prit les châteaux de Pratiglione et Camporena qu'il démolit.

En 1330, le roi Robert l'envoya au secours du pape, contre Girardin Spinola, seigneur de Lucques,

Fait prisonnier à Modène, il fut presque aussitôt échangé contre Rolland Rossi chevalier parmesan. Elu pour la troisième fois capitaine-général des Florentins, en 1331, il harcela, fatigua les Pisans et força l'empereur Louis de Bavière à sortir de Lombardie. Déjà, en 1323, Bertrand des Baux avait été nommé sénateur de Rome. Capitaine-général d'une flotte de quatre-vingts galères pour finir, en 1320, la guerre de Sicile, il avait reçu du roi la seigneurie de Piétra Persia et mille onces d'or de revenu avec autant en Provence. Il ravagea et pilla Thernes, Cacci, Ciunina et Panormi. Ce fut, comme nous l'avons dit, un des exécuteurs du testament de Charles d'Anjou. Il avait une compagnie d'hommes d'armes, composée de cinq chevaliers et de vingt-quatre écuyers auxquels il donnait onze onces d'or par mois. Il prêta serment de fidélité pour Philippe d'Anjou. On le trouve cité le premier parmi les seigneurs que le Dauphin donna pour caution du mariage de son fils André.

En 1331, Huguette des Baux, dite Baucette, chantée par le troubadour Pierre Roger, épousa Blaccas de Baudiner, co-seigneur d'Aups et de Thoard, qu'elle perdit en 1342.

En 1332, Marie des Baux, fille de Bertrand, épousa Humbert de Viennois, devenu dauphin par la mort de son frère Guigues VIII; en faveur de ce mariage, son grand oncle le roi Robert lui avait donné 1,000 onces d'or de revenu. Marie vendit à son père Bertrand le comté d'Andrie. Elle fut conduite en Dauphiné par son mari qui lui donna seize châteaux ou terres et lui fit prêter serment par les châtelaine. Lorsqu'elle partit pour la Franche-Comté, il lui confia la régence de ses états.

Le 24 mars 1331, Hugues Raymond des Baux, comte d'Avelin, avait rendu hommage au roi Robert dans Aix pour la seigneurie des Baux; trois ans plus tard il fut nommé grand sénéchal de Provence.

Jeanne des Baux est citée comme un des ornemens de la cour d'amour établie à Avignon en 1342.

L'année suivante, le dauphin Humbert de Viennois, époux de Marie des Baux, n'ayant point d'enfant, fit don de ses états au roi de France. La même année, le Pape Clément VI, publia une croisade contre les Turcs.

Humbert fut élu général de l'armée chrétienne le 25 mai, et s'embarqua à Marseille en septembre. Sa femme, Marie des Baux, l'accompagna et mourut à Rhodes en mars 1347. Son corps y était encore déposé en 1355. Par testament de la même année, le dauphin légua une somme d'argent aux cordeliers de Marseille pour qu'ils fissent transporter ce corps de cette île dans leur église.

En 1344, Hugues Raymond des Baux reçut pour la reine Jeanne, l'hommage des seigneurs de Provence. Le 5 septembre il se rendit à Avignon auprès du Saint-Père, comme ambassadeur de cette princesse.

En 1346, Isoarde des Baux avait épousé Pons de Mauvoisin, seigneur des Pennes près de Buix; elle l'assassina pendant la nuit du samedi après la Pentecôte. Henri de Villard, régent du Dauphiné, la fit arrêter et conduire au château de Vals; on instruisit son procès; elle fut mise à la question et condamnée à être brûlée vive. Quoique tante de la dauphine, elle n'en subit pas moins l'exécution de sa sentence le 6 février 1347, à la porte de la ville de Romans sur le chemin de St-Paul.

La même année, la reine Jeanne érigea en duché la terre d'Andrie en faveur de François des Baux, fils de Bertrand qui devint ainsi le premier duc du royaume de Naples. Raymond des Baux comte de Soletto, fut aussi nommé par la reine grand chambellan de son royaume.

Dès son avènement à la couronne, cette princesse avait élevé Bertrand des Baux aux dignités de grand justicier et de grand-amiral du royaume de Naples. Lorsqu'en 1346, le meurtre d'André de Hongrie, mari de la reine Jeanne, eut soulevé l'indignation de la chrétienté, le Pape commit Bertrand pour instruire contre les assassins. La reine étant couchée en son lit de justice et entourée de ses conseillers, le prince des Baux lui remontra la nécessité de rechercher et punir les meurtriers de son époux. Jeanne loua hautement ces paroles et adopta son avis. Bertrand fit saisir les coupables et ordonna qu'ils fussent mis à la question sur une place au bord de la mer en vue de tout le peuple. Par ses ordres eut lieu la terrible exécution des comtes de Trivento et de Terlizi, de la Catanoise, de Robert de Cabane et de Sancie comtesse de Morcone.

Bertrand des Baux, seigneur de Courthezon, étant mort en Terre-Sainte, Bertrand son fils puiné, avait reçu en récompense des services rendus au roi de Sicile pendant les guerres d'Italie, plusieurs rentes perpétuelles. Il fut en outre créé maréchal et vicaire-général de la principauté d'Achaïe et des comtés de Cephalonie et Néophante et doté de pensions pour lui et pour les siens, par Catherine impératrice de Constantinople et Robert prince d'Achaïe et de Tarente. Il dut ces distinctions à sa valeur et à sa loyauté qu'il fesait profession de consacrer au service des souverains de la chrétienté. Ceux-ci, connaissant son mérite s'empressaient de l'employer. En 1342, il fut encore créé sénéchal et capitaine-général de Piémont et de Lombardie, par Robert roi de Sicile et de Jérusalem. Cinq années plus tard, la reine Jeanne ajouta à ces dons des terres qu'elle érigea pour lui en duché. Il avait marié Catherine sa fille et héritière à un Bertrand des Baux; mais ces deux époux ne purent vivre d'accord. Malgré l'intervention du Pape, ils se séparèrent; Catherine se retira en son château de Courthezon et Bertrand à la ville des Baux.

La reine Jeanne de Naples, s'étant mariée avec le prince Louis, se vit attaquée et pressée par le roi de Hongrie qui voulait venger l'assassinat d'André, assassinat dont la reine était accusée par l'opinion publique. Elle envoya en Provence, pour y chercher des secours, son grand amiral, Hugues Raymond des Baux. En 1347, elle arriva à Nice, fuyant les poursuites du roi de Hongrie. Hugues soupçonna qu'elle voulait secrètement échanger ses états d'Italie et de Provence; il se saisit d'elle et l'enferma dans Castel-Arnoux. Jeanne n'en sortit que sur l'assurance donnée par le Pape qu'elle ne se dessaisirait pas de la Provence.

Hugues Raymond des Baux repasse alors en Italie ; le 6 avril, les Florentins fêtent en lui l'ancienne amitié entre leur république et la maison des Baux. En 1350, il va, comme grand amiral de la reine Jeanne, secourir Aversa assiégée par le roi de Hongrie. Il se mit en mer avec dix galères provençales et entra vers la fin de juin au port de Naples où il essaya de se faire acheter par un des deux partis. Malgré les prières de la reine et de Louis de Tarente, il se rendit au château de l'Œuf pour s'aboucher avec le roi de Hongrie. Son ambition était d'obtenir pour son fils Robert la fille de ce prince, Marie sœur de la reine Jeanne. Il cacha son dessein ; Aversa fut prise et une trêve ménagée par Hugues et par quelques prélats, jusqu'au premier avril 1351. Hugues fit conduire la reine et son mari à Gayette et resta dans le port de Naples sous prétexte d'approvisionnement. Accompagné d'une petite suite, il se rendit avec ses deux fils au château de l'Œuf comme pour visiter la princesse Marie. Veuve du duc de Durazo, cette princesse se trouvait, par sa mère, impératrice titulaire de Constantinople. Hugues Raymond des Baux s'empara des portes, fit saisir la garde et signifia à Marie qu'elle eût à épouser son fils aîné. Le mariage fut consommé en sa présence ; puis il embarqua la princesse avec ses trésors sur ses galères et fit voile vers la Provence. Il s'arrêta devant Gayette ; l'équipage d'une galère descendit à terre pour se rafraîchir ; travaillé par le prince de Tarente, mari de la reine Jeanne, cet équipage y amena les autres. Hugues se tenait à l'écart sur sa galère, il reçut l'ordre de se rendre auprès du prince, mais s'excusa, prétextant des douleurs de goutte. Louis vint à son bord, lui reprocha sa trahison et le poignarda; les gens de sa suite l'achevèrent. Ses deux fils furent saisis, envoyés au Château-Neuf de Naples et la duchesse de Durazo déposée avec ses trésors à Gayete.

Le Pape Innocent VI s'employa pour faire rendre à la liberté Robert des Baux. Il n'y réussit pas. Ennuyée de n'être ni veuve, ni mariée, la duchesse de Durazo entra dans la prison de ce prince en 1354; avec des hommes armés, le fit assassiner en sa présence en l'appelant traitre du sang royal et jeter sur le rivage où son corps resta longtemps. Ce forfait irrita la reine Jeanne et son mari; ils firent inhumer avec pompe Robert des Baux; mais l'opinion publique ne leur en attribua pas moins la complicité de ce meurtre.

En 1350, François des Baux comte de Montescagioso seigneur de Bisseglio, était cité comme un des princes les plus beaux de son temps. Margueritte d'Anjou-Tarente l'aima et l'épousa en l'absence de la reine Jeanne et du prince de Tarente son frère. Ceux-ci dissimulèrent leur mécontentement et le créèrent même duc d'Andrie, titre réservé jusque-là au prince héréditaire, et donné ainsi pour la première fois hors de la famille royale. Obligé d'agir de concert avec la maison de St-Sévérin qui le détestait, François des Baux refusa d'obéir. La reine n'avait point oublié que son père Bertrand des Baux, avait fait supplicier les complices de la mort de son mari André; saisissant le prétexte de sa rebellion elle le fit mettre en prison et confisqua ses biens. Hugues de St-Sévérin protonotaire du royaume et parent de la grande-maréchale, contribua beaucoup à cette rigueur. Après avoir passé dix-huit ans en prison, François des Baux pria la reine de venir le voir; il avait, disait-il, des secrets à lui révéler; malgré les fatigues d'une longue captivité sa beauté était encore si remarquable, son éloquence fut si habile qu'il séduisit la reine et recouvra sa liberté. Par la mort de son oncle, son fils succéda à la principauté de Tarente qui lui avait été confisquée, et lui-même redevint un des premiers du royaume.

Amiel des Baux, avait été nommé, par le roi Robert, capitaine-général de la principauté citérieure de toute la Calabre et enfin de la terre de Labour; en 1351, il y exerça la charge de grand-justicier, et mourut cette même année. Il fut inhumé dans l'église de St-Laurent de Naples.

En 1354, Bertrand des Baux mourut à Naples, laissant de sa seconde femme; trois filles et un fils, François duc d'Andrie. Il fut enterré à l'église de St-Dominique où le duc d'Andrie lui fit élever un mausolée entre ceux des deux fils du roi Charles II.

En 1355, Robert de Duras, à la tête de ces mécontens, qui, dans tous les temps, se montrent si empressés à profiter des troubles publics, ravagea la Provence et s'empara pendant la nuit de la forte place des Baux. La manière dont il occupait ce point, incommodait tellement la contrée, que Fouquet d'Agoult, vicomte de Reillane, grand sénéchal de Provence et lieutenant du roi, provoqua et ordonna contre lui une levée générale. Raymond des Baux, IIIe du nom, comte d'Avellino, le même que nous avons vu pris sur la galère où son père fut poignardé, vint, envoyé par la reine Jeanne, participer à cette expédition. Les principaux seigneurs de Provence se joignirent à lui avec leurs *Brigands*, ainsi nommés à cause de leur habit militaire, appelé brigandine.

Au mois de juin, on forma le siége des Baux; en face du château fut élevé un fort, d'où on lançait dans la place des quartiers de roche. Indépendamment de leurs intérêts personnels, les seigneurs provençaux avaient à cœur de venger le tort fait par cette invasion à la maison des Baux. La ville fut ainsi réduite. Quelques auteurs prétendent que cette capitulation fut amenée par le Pape, qui donna de l'argent à Robert de Duras. Toute la noblesse provençale prit part à ce fait d'armes qui avait mis en mouvement huit cents cavaliers et une nombreuse infanterie.

Arnaud de Servoles surnommé l'Archiprêtre, dévastait les bords du Rhône en 1356. Parmi ceux qui le suivaient, se faisaient remarquer Amiel des Baux et Raymond des Baux comte d'Avelin. Ces deux princes étaient l'âme de l'expédition; ils voulaient, disaient-il, venger l'assassinat de Raymond des Baux. 4,000 hommes leur obéissaient. La noblesse provençale indignée se ligua contre les princes des Baux, mais rien ne put leur résister. On appela les Toscans et les Napolitains qui promirent des secours; ces secours ne furent point assez prompts. Les révoltés défirent au bord de la Durance le prince de Tarente et l'on n'eut plus d'autre ressource que d'essayer de les affamer en dévastant le pays. Ils se replièrent sur Avignon. Effrayé de leur approche, le Saint-Père les éloigna en leur comptant une forte somme. Il reçut dans son palais, traita magnifiquement leurs chefs et pardonna à condition qu'ils sortiraient du pays. C'est à la suite de cet événement et pour mettre la ville papale à l'abri d'une semblable invasion que les remparts d'Avignon furent construits. Cette année, déjà si fatale à la Provence, fut encore attristée par un débordement de la Durance et du Rhône, comme si la colère du ciel s'unissait à la fureur des princes des Baux, pour affliger cette contrée.

La paix rétablie par le traité conclu avec le Pape était loin de satisfaire l'esprit turbulent d'Amiel des Baux. Il réunit les compagnies de l'Archiprêtre, et, à leur tête, rentra en Provence. De son côté Raymond des Baux prit les armes contre la reine en faveur de Duras. Par une délibération du 14 novembre 1357, les Marseillais se déclarèrent contre lui et reprirent ses places. Il se vengea en ravageant les environs de Marseille. On appela, contre Amiel, le comte Jean d'Armagnac avec 2,500 hommes montés, disent les vieux auteurs, sur des chevaux barbes.

Le grand-sénéchal de Provence assiégea le château des Baux. Raymond des Baux fit tout ce qu'il put pour répandre le désordre dans la Provence et attirer à lui la noblesse mécontente de ce que la reine Jeanne avait nommé grand-sénéchal un chevalier napolitain, Mathieu de Géfualdo. Sa mort, arrivée en 1361, mit fin à la guerre. Par son testament, il légua deux quintaux de cire aux cordeliers de Marseille, chez qui il voulut être inhumé. En cas de mort de l'enfant dont sa femme était enceinte, il lui substitua pour héritiers ses frères, François, Antoine et Amiel des Baux, et, à ceux-ci, Raymond des Baux prince d'Orange. Il fixa la légitime de sa fille Alix des Baux. Sa veuve, Jeanne Roger de Beaufort, se remaria en février 1374, avec Guy de Chauvigny et mourut folle.

En 1357, Raymond des Baux, comte de Soletto, fut chargé par la reine Jeanne du gouvernement de Barlette et de Brindes. Les rois de Hongrie et de Naples voulurent terminer leur différend par un combat singulier. Celui de Naples choisit pour second Raymond des Baux. Le duel n'eut pas lieu. Raymond des Baux fut fait prisonnier à la bataille de Catane, le 29 mai 1357. Pour le délivrer, la reine mit en gage ses joyaux et offrit une somme considérable au roi Frédéric. Ce prince répondit qu'il n'échangerait un tel prisonnier que contre la liberté de ses sœurs, les princesses Blanche et Yolande. La reine y consentit. Ayant à faire choix d'un ambassadeur pour envoyer au pape, cette princesse nomma Raymond des Baux.

En 1359, au nombre des religieuses les plus distinguées du monastère de Nazareth d'Aix, composé de cent demoiselles nobles, on citait Béatrix, Florette, Constance, Catherine, Alix et Nazarethe des Baux. Ainsi, parmi les illustrations qui se rattachent au nom des Baux, il en est de gracieuses et que la religion peut revendiquer avec honneur.

Le 12 juillet 1361, le comte d'Avelin fit un legs de deux mille florins d'or à Burgette, bâtarde des Baux, dame de Malaucène, du Buix et du Poët.

Le 30 juillet 1360, ce même comte avait donné aux frères mineurs que les guerres civiles forçaient d'abandonner Trinquetaille, son château de la Carbonnière, situé entre le théâtre et l'amphithéâtre d'Arles.

En 1363, Hugues des Baux remplaça Raymond d'Agoult dans la charge de sénéchal de Provence.

Une charte d'ennoblissement, datée de la même année, porte pour scel l'écu des Baux avec son timbre couronné qui jette hors un long col de héron pareillement orné d'une couronne en forme de collier, et portant à son bec un pendant ou petit ruban au bout duquel est passée, en guise de molette d'éperon, la comète à seize rayons.

Vers la même époque, des bruits de guerre s'étant répandus en Provence, le prince d'Orange était allé fortifier son château des Baux qui était toujours une des places les plus formidables de la contrée.

La Provence fut envahie en 1366 par Raymond et Bertrand des Baux et dix seigneurs, leurs complices, qui la parcoururent en pillant, tuant et saccageant. S'étant emparés du château de Courthezon, ils égorgèrent tout ce qui l'habitait à l'exception de la châtelaine, Catherine des Baux, qu'ils emprisonnèrent après l'avoir maltraitée. A la nouvelle de cet attentat, la reine Jeanne les déclara coupables de lèze-majesté, confisqua leurs terres, les ajourna pour rendre compte de leurs méfaits, et leur enjoignit de mettre en liberté la dame de Courthezon. Ils refusèrent de comparaître, retinrent la prisonnière et continuèrent leurs déprédations. Le grand sénéchal Raymond d'Agoult les déclara rebelles, les condamna par contumace à perdre la tête et prononça la confiscation de leurs domaines. Toutes les milices de la Provence furent armées contre eux. Réduits à la dernière misère, poursuivis à outrance, ils errèrent trois ans de province en province. Cependant, Jeanne, princesse de Genève, femme de Raymond, dame d'un grand courage et d'une haute vertu, se rendit à Nocère où se trouvait la reine de Naples; elle intercéda en faveur de son époux et de son beau-frère et obtint leur grâce.

L'année d'après, la reine Jeanne manquant d'argent, Guillaume des Baux lui en prêta.

En 1368, Amiel des Baux, sénéchal de Beaucaire et de Nimes, se distingua à la bataille de Villedieu contre les compagnies. Son sceau était chargé d'un sautoir, accompagné en chef et en pointe de l'étoile des Baux et de deux cors de chasse en flanc avec des lions pour support. Il se servait aussi d'un autre sceau portant la comète des Baux, chargée d'une croix ancrée avec des sauvages pour support et deux cornes de bœuf pour cimier. Son testament, daté de 1378, légua la terre des Baux et quelques autres en Provence à Alix sa nièce. Il mourut sans enfans.

Selon la chronique de St-Victor, sa guerre en Provence avec l'archiprêtre fut le résultat d'une conjuration tramée par lui contre la reine Jeanne pour livrer la contrée à la maison de Duras. Pendant cette guerre, ils prirent la ville de St-Maximin, emportèrent d'assaut plusieurs châteaux ainsi que les tours d'Aix et terrifièrent Marseille.

Bertrand des Baux, duc d'Andrie, se trouvant au royaume de Naples, se révolta et réunit une armée de vagabonds à la tête de laquelle il plaça d'autres nobles étrangers que l'on désignait sous le nom de *transfuges*. Il se mit à piller et à rançonner sans respect pour les lieux sacrés, à démolir les forteresses, à briser et fondre les cloches. Comme ils se fortifiaient dans les places qu'ils avaient envahies, la reine de Naples tint contre eux un lit de justice et prononça elle-même la sentence qui les condamnait à mort avec confiscation de tous leurs biens et exclusion de tous héritages et de toutes charges publiques.

En 1370, Marquise des Baux épousa Roger de St-Séverin, comte de Miletto, maréchal du royaume de Naples, veuf de Jeanne d'Aquino.

Le 19 juin 1372, le grand sénéchal de Provence publia des lettres en exécution de celles de la reine Jeanne, contenant la liberté accordée aux Arlésiens de faire paître et de prendre du bois dans toute la vallée des Baux et dans le Coussoul du comte d'Avelin pendant trois ans.

La même année, Antoinette des Baux épouse Frédéric III roi de Sicile. Après les noces ils partent pour Messine. Rencontrés par une galère du comte Henri Rossi, ils sont pourchassés jusqu'à Reggio. Antoinette des Baux en prend une telle frayeur qu'elle meurt six jours après. Elle fut inhumée dans la cathédrale de Messine.

En 1373, la seigneurie de St-Roman-de-Malegarde était possédée par la maison des Baux. Giraud des Baux, probablement issu de la branche d'Orange, l'eut en partage. La même année mourut Philippe de Tarente, dernier de sa maison, qui institua pour héritier Jacques des Baux son neveu, fils de François duc d'Andrie et de Margueritte de Tarente. Sous la tutelle de son père, Jacques prit le titre de prince de Tarente et d'empereur de Constantinople attaché à la maison de ses aïeux maternels. Enivré de cette double dignité, il se rendit formidable à la noblesse napolitaine; le duc François, son père, le soutint dans son entreprise audacieuse; il s'empara même de la ville de Mathère. La reine Jeanne négocia d'abord par ménagement pour la maison des Baux, mais les princes repoussèrent ces négociations. Alors ils furent déclarés rebelles, et, la fortune ayant tourné contre eux, ils se virent poursuivis. François s'échappa pendant la nuit et s'embarqua pour la Provence. Jacques se réfugia en Grèce dans les terres qu'y possédait sa maison. Il ne rentra au royaume de Naples que lorsque Charles de Durazo fut devenu roi, et pour y épouser la belle-sœur du roi. Jaloux de sa fortune, les San Severini et les grands du royaume, persuadèrent au roi qu'il ambitionnait la couronne; ce prince le fit poursuivre et donna ordre d'arrêter sa femme. Jacques s'embarque une nuit du mois de juillet sur un vaisseau génois de son ami Peyrin Grimaldi qui le porte à Tarente. Là, il veut entrer au château que Louis de Capoue tenait pour le roi; celui-ci résiste; Jacques lève des troupes, attaque et prend le château. Il mourut tout de suite après, le 17 juillet 1383, et fut inhumé avec les insignes impériaux, à l'église de San-Cataldo. Sa femme mourut en prison à Naples le 18 juillet 1387. Elle fut inhumée dans l'église de Ste-Claire, à côté du maître autel. Leur fils, despote de Servie, épousa une Comnène, et leur fille, Antoinette des Baux, chassée de ses états par les Turcs à l'âge de sept ans, se réfugia à la cour de Naples ; elle y fut reçue avec bonté et mariée au comte de Muro.

Cependant, proscrit à Naples et arrivé en Provence, le duc d'Andrie François des Baux était allé trouver le Pape Grégoire XI son parent. Il en obtint un prêt avec lequel aidé de ses vassaux de Provence il leva une armée de 18,000 hommes et fit invasion dans le royaume de Naples. En 1377, il arrive devant Capoue et l'assiége. L'épouvante se propage jusqu'à la capitale. Prise au dépourvu, Jeanne se voit en danger de tomber entre les mains du rebelle. Cependant elle tient bon, arme ses barons, rassemble des auxiliaires commandés par Jean Malatacca, capitaine lombard, et travaille à tout réunir près de Nole.

Pendant ce siége, François des Baux alla visiter son oncle, le vieux Raymond des Baux comte de Soletto, grand chambellan de la reine, qui, lorsqu'il était captif, avait voulu le racheter du prix de ses joyaux. Ce sage ministre était retiré dans une de ses terres aux environs d'Anverse. Il se rendit à la rencontre du duc d'Andrie, et, lui parlant avec sévérité : « Vous voulez donc couvrir de honte le nom des Baux ? congédiez vos troupes, retournez à Avignon et implorez l'intercession du Pape pour qu'il vous aide à rentrer en grâce auprès de la reine.» Emu et honteux de sa conduite, le duc d'Andrie tourna du côté de la Pouille sous prétexte de mesures à prendre pour son entreprise. Arrivé presque seul sur la côte, il s'embarqua pour la Provence. A son approche on y assembla les milices, car il s'était fait un de ces noms que la terreur précède. Privée de chef, son armée se dispersa et ravagea la Pouille. Pour avoir la paix, la reine paya 60,000 florins et confisqua les terres du duc. Elle les donna plus tard à Othon de Brunswick, son quatrième et dernier mari.

Le sage Raymond mourut le 18 août 1378 et fut inhumé aux Célestins de Casaluccio, fondés par lui à un mille d'Anverse; on y voit son tombeau en marbre avec cette inscription: « *Illustrissimæ Baucio-rum familiæ quæ à pricis Armeniæ regibus quibus stellâ duce mundi salvator innotuit originem duxisse patet.*» Cependant, la chronique de Montéléon dit qu'il mourut à Naples et fut enterré dans l'église royale de Sainte-Claire. Il eut pour successeur son neveu François des Baux, qui institua comme héritier: *le ventre de sa femme.*

En 1385, Marie étant régente de Sicile et de Provence pour son fils Louis II, François des Baux contribua à lui concilier les esprits; il est député à cette princesse par les Etats généraux de Provence, pour lui porter les conditions de leur hommage et chargé par la ville d'Arles d'aller prêter en son nom cet hommage au roi Louis. Cette cérémonie eut lieu à Avignon; le prince des Baux s'en acquitta en baisant, selon l'usage, la reine à la bouche et le roi aux pieds; il fut lui-même baisé à la bouche par le roi.

Dans la guerre que se firent Louis II et Charles et Ladislas de Duras, la maison des Baux se partagea entre les deux partis.

François des Baux s'était attaché au pape Urbain VI ennemi de la reine Jeanne. Il fut chargé par lui d'aller à la cour de Hongrie, inviter Charles de Duras, à conquérir le royaume de Naples. Au nom du pape, il en promit l'investiture. Cette négociation réussit. Le royaume de Naples fut occupé par Charles de Duras, qui prit le nom de Charles III. A son entrée dans la capitale, la reine Marguerite de Duras, fut accompagnée par François des Baux qui conduisait son cheval. Parens du nouveau souverain et en grand crédit à la cour, les Saint-Severins lui cédèrent cependant le terrain. François des Baux se maria trois fois; sa seconde femme fut Marguerite d'Anjou, veuve d'Edouard roi d'Ecosse, impératrice titulaire de Constantinople.

Le dimanche, 25 juillet 1384, le nom des Baux se trouva mêlé à une affaire très-peu digne de lui; une conspiration éclata à Arles contre le comte de Provence. Les Tuchins, introduits par trahison, se joignirent aux rebelles. Commandés par Ferragus, capitaine des Baux, ils ravagèrent la ville. Les bourgeois que réveilla le tocsin, se rassemblèrent sur la place devant l'église; mais, au moment d'attaquer, ils furent arrêtés par un des leurs, qui, vendu aux Tuchins, exagéra le nombre des ennemis. Les premières lueurs du jour dévoilèrent cette perfidie. Les bourgeois se précipitent et chassent les Tuchins. Ferragus repoussé va attaquer avec les siens le château de Roquemartine, s'en empare, tue le seigneur et son cuisinier Isnardo, pille le château, l'abandonne et met en vente le butin. Cependant, on instruisait à Arles contre les conspirateurs, et, parmi ceux qui furent mis à mort, se trouve Antoine-Jacques des Baux, pendu aux fourches caudines près du pilon de justice.

Nous sommes obligés de revenir un peu en arrière pour exposer l'origine des prétentions qui, vers cette époque, troublèrent toute la Provence.

En 1290, Alix des Baux, Comtesse d'Avelino et de Conza, était élevée sous la tutelle de son aïeul maternel, Guillaume Roger vicomte de Turenne. Celui-ci dépensa beaucoup pour recouvrer le château des Baux et plusieurs terres retenues par ses oncles ainsi que les comtés d'Avelino et de Conza restés aux mains du roi et de la reine de Naples. Il fit assembler ses parens pour rendre ses comptes de tutelle et nommer un curateur. Il se rendit à Avignon afin de présenter sa pupille au pape Clément VII et à ses parens de la cour pontificale. De là, il vint à l'hôtel de la princesse d'Orange, et fit épouser de force à sa pupille et sans le consentement de ses parens Odon de Thoire Villars. Après ce mariage, Odon s'empara de Coire et de Brantes au comté Venaissin, et presque du château des Baux. Il voulut aussi se saisir du vicomte de Turenne; le fils de celui-ci, Raymond Roger, se rendit maître des Baux pour les conserver à sa nièce et maintenir les droits de la comtesse d'Avelin sa sœur. Le pape Clément II tenta de s'emparer du château des

Baux et d'arrêter le jeune vicomte et sa sœur qui y résidaient. Indépendamment des Baux, le terrible vicomte réclamait d'autres places qui lui avaient, disait-il, été données par la reine Jeanne. Ces prétentions allumèrent une guerre dont toute la Provence fut embrasée. Odieux par ses cruautés, le vicomte de Turenne précipita du haut de la roche des Baux les chevaliers faits prisonniers pendant la guerre. Tout ce qui tenait à lui participait à ce caractère farouche : Sa femme guerroyait avec lui, et sa mère, Eléonore de Comminges, entretenait des brigands dans ses châteaux et dans les cavernes de Meyrargues, de Pennes et des Baux. François des Baux intervint et se fit expédier par sentence papale la place des Baux. Le vicomte de Turenne fut condamné à en déguerpir et excommunié en 1394. Les Etats de Provence le mirent en jugement et le condamnèrent; toutes les places prises sur lui devaient être rasées. Une ligue générale se forma contre lui, et le château des Baux fut assiégé mais sans succès. Le vicomte persistant dans ses refus, Odon de Villars et sa femme se plaignirent aux réformateurs de la justice nouvellement établis en Languedoc et au recteur du comté Venaissin : on leur donna en nantissement sept seigneuries de la maison de Turenne. En 1398, le sénéchal de Beaucaire ayant détruit une partie des troupes du vicomte près du Rhône, le rebelle promit de rendre les Baux. Sur ces entrefaites, Charles des Baux, prince de Tarente, part de Naples et arrive à Marseille. Il se rend à Tarascon, rencontre le vicomte qui erre aux environs, le charge et le défait. Le vicomte poursuivi se jette sur une barque pour traverser le Rhône; le fleuve était orageux et son cours rapide; en voulant passer de sa barque dans une autre, le fugitif tombe et se noie.

Le 11 avril 1382, dans le palais d'Avignon, en présence du pape et de sa cour, Marie des Baux, princesse d'Orange, fut promise par son père à Jean de Châlons, fils de Louis de Châlons et de Margueritte de Vienne, sire d'Arlay en Bourgogne et son cousin au quatrième degré. Le prince d'Orange établit ce prince son lieutenant dans toutes ses terres. Par ce traité rédigé, quatre ans plus tard, en contrat public, Raymond des Baux assura à sa fille la principauté d'Orange et toutes ses autres terres. Marie des Baux institua Jean de Châlons son héritier et ce fut ainsi que la principauté des Baux passa dans la maison de Châlons et dans celle de Nassau. Raymond des Baux mourut le 13 janvier 1393.

Cette période de deux siècles ne nous offre qu'une épisode d'amour poétique : En 1323, Baussette, fille de Hugues des Baux, fut aimée par le poète Roger, chanoine à Arles. Jeune, beau et d'illustre naissance, révolté d'ailleurs de la dissolution et de l'humour turbulente de ses confrères, Roger avait quitté le cloître et s'était livré au culte des lettres provençales. Baussette vit le poète à la cour d'Ermengarde, comtesse de Foix, et, touchée de son amour autant que fière de son hommage, lui accorda, dit-on, les plus secrètes faveurs. Cependant, on a d'elle une chanson commençant par ces mots :

Lonon m'en kal de tas rimas grossieras.

Mais le Monge des Iles d'or prétend que Baussette

n'adressa publiquement cette chanson à Roger que pour cacher sa passion. Le poète lui dédia un traité contre : *la Dama dè mala mercè.* Sur de faux rapports que lui firent des envienx, il fut mis à mort par un parent de Baussette. Cette princesse épousa Blaccas de Blandinas, seigneur d'Aulps en haute Provence, infidélité qui semblerait démentir quelque peu l'assertion de ce bon Monge des Iles d'or, si de pareilles variations n'eussent été dans tous les temps habituelles au cœur de la femme.

Le 29 août 1402, Blanche des Baux, veuve de Jean Villemur, assista à une cérémonie célébrée dans une chapelle que ses ancêtres avaient fondée à l'église cathédrale d'Arles.

En 1406, le roi Louis II envoie traiter le mariage de sa fille Marie avec Jean-Antoine des Ursins des Baux, prince de Tarente. — Ce mariage n'eut pas lieu, et Marie fut, plus tard, fiancée au Louvre à Charles de France.

En 1402, Alix des Baux comtesse d'Avelin, veuve d'Odon de Villars, se remaria avec Conrad, comte de Fribourg et de Neufchâtel. On avait remarqué sa grâce lorsque, le 1er décembre 1400, elle avait accompagné au palais archi-épiscopal d'Arles la reine Marie de Blois, recevant en grande pompe la visite d'Yolande d'Aragon. En 1417, Alix des Baux prétendit succéder aux comtés de Beaufort, d'Alais, et au vicomté de Turenne dont elle prit les titres dans tous ses actes. Veuve pour la seconde fois, elle fit, le 7 octobre 1426, son testament à son château des Baux. Par cet acte, elle légua à Louis de Châlons prince d'Orange, ses droits sur le vicomté de Turenne ; à Charles d'Urgel son cousin, évêque de Tortose, son entretien et celui de son écuyer ; à sa cousine, Marie de Forez, deux robes et mille florins d'or pour l'aider à se marier. Elle institua pour héritier universel Guillaume des Baux, duc d'Andrie, et ses enfans, et, à défaut, Jean-Antoine des Ursins des Baux prince de Tarente, et Jean de Châlons, époux et héritier de Marie, dernière princesse d'Orange du sang des Baux, à la condition de porter les armes pleines de la maison des Baux. Cette princesse mourut à Avignon en 1426 et fut inhumée dans le tombeau de son père Raymond.

Jean de Châlons fut fait grand chambrier de France par le roi Charles VI, et maintenu dans cette place par un arrêt du parlement, le 21 octobre 1418. Il mourut de la peste à Paris le 4 décembre suivant. Par testament du 21 octobre 1417, lui et sa femme, morte peu après en Bourgogne, appellent, à defaut d'enfans mâles, leurs filles et leurs descendans à la jouissance de la principauté d'Orange et de tous leurs biens suivant le droit d'aînesse.

Par droit d'aubaine, en l'absence des héritiers étrangers, les officiers de Louis III, roi de Jérusalem, de Sicile et comte de Provence, réunirent les terres baussenques au domaine comtal. Mais, par un accord consenti en 1429, Louis de Châlons ayant obtenu des princes de Tarente et des ducs d'Andrie la cession de leurs droits, vint en Provence réclamer l'héritage d'Alix des Baux. Louis III écouta ces réclamations et écrivit à ses officiers pour que les terres baussenques fussent livrées au prince de Châlons. Les guerres, les troubles continuels de cette époque ne permirent pas à celui-ci d'en jouir. L'état des Baux fut donc régi par les comtes de Provence.

En 1455, Marquise des Baux, religieuse au monastère de Ste-Claire d'Aix, se faisait remarquer par sa piété.

Le roi René voulant offrir à sa seconde femme, Jeanne de Laval, un témoignage de son grand amour, lui fit don de la baronnie des Baux. Plus tard, cette principauté fut possédée par les rois de France à qui elle avait été léguée par Bernardin des Baux, commandeur de l'ordre de Jérusalem, l'un des meilleurs capitaines de son temps sur mer comme sur terre, et qui en donna de nombreuses et éclatantes preuves surtout pendant la ligue de Cambray contre les Vénitiens et au siége de Marseille où il mourut en 1524. Il y fut inhumé dans l'église des prêcheurs.

La principauté des Baux fut classée parmi les terres dites *adjacentes*. Pour le spirituel et le temporel, elle releva de la ville d'Arles ; ses franchises et priviléges lui furent conservés.

En 1443, François des Baux avait paru comme duc d'Andrie à l'assemblée des barons du royaume de Naples. En 1451, il fut envoyé en ambassade par le roi au-devant de l'empereur Frédéric, et, plus tard, au pape Pie II, pour le féliciter de son élection et demander l'investiture du royaume refusée par Caliste III. Resté fidèle à son roi qu'abandonna la noblesse lorsque le fils de René porta la guerre dans le royaume de Naples, il fut récompensé par la charge de grand connétable ; pendant la guerre contre le prince de Tarente, partisan du fils de René, il soutint dans Andrie un siége tellement furieux, que le prince de Tarente lui fit lancer des flèches empoisonnées. Ses sujets, par amour pour lui, préférèrent les plus grand maux à la reddition de la place. On découvrit des mineurs prêts à percer dans Andrie, et l'on voulut les faire périr par le feu dans leur mine. Généreux autant que brave, François des Baux s'y opposa ; il se contenta de les faire prendre et renvoyer. Touchés de cette magnanimité, les ennemis qui connaissaient la détresse des assiégés firent entrer du blé dans la ville, et, pendant la nuit, en répandirent même dans les fossés. La place fut enfin rendue à des conditions honorables, et François des Baux ne reconnut pas le roi René. Le roi de Naples, reconnaissant, le nomma grand connétable, président du conseil royal et lui donna une partie des terres du prince de Tarente mort sans enfans.

Le 4 janvier 1484, Pierre et Arnaud des Baux, fils de Pons des Baux, habitant à Mondragon, donnent, par acte passé à Mondragon, une partie de l'île Vernadenque ou de Saussac sur le Rhône, à François dit Montaigu de Cavaillon.

La même année, Louise des Baux était abbesse d'Hyères en Provence.

En 1489, le duc de Calabre étant parti de Gènes avec dix galères et trois vaisseaux pour chasser du royaume de Naples Alphonse d'Aragon, Jean-Antoine des Ursins des Baux, fut au nombre des seigneurs qui se rangèrent sous ses drapeaux. Il mourut à son château d'Altamure, le 26 décembre 1463, ne laissant que des filles.

En 1462, Engilbert des Baux avait hérité de la principauté de Tarente, laissée par son beau-père. Le roi Ferdinand lui en refusa l'investiture; Engilbert se ligua avec d'autres seigneurs revoltés. Il fut pris, étranglé et jété dans la mer avec son frère et son second fils; leurs biens furent confisqués.

En 1475, Gabrielle des Baux femme de Jean Inguibert habitait Aix. Elle était originaire de Vienne; elle mourut à Aix et y fut inhumée dans la cathédrale.

Le 13 juin 1477, François des Baux accompagna en Espagne Alphonse, duc de Calabre, qui allait épouser Jeanne d'Aragon. Il mourut en 1482 et fut inhumé au monastère de St-Dominique, fondé par lui dans cette ville d'Andrie qu'il avait si vaillamment défendue.

Pyrrus des Baux, prince d'Altamura duc d'Andrie, avait épousé la nièce de Jean-Antoine des Ursins des Baux, prince de Tarente. Celui-ci irrité contre elle et contre son époux les poursuivit furieusement. Il assiégea cette princesse dans la Rocca-de-Minorbino et fit continuellement tirer contre la chambre de sa nièce, quoiqu'il sut bien qu'elle était alors enceinte et malade. Lorsque la ville d'Andrie, qu'il assiégeait aussi fut rendue, Pyrrus s'éloigna la nuit pour éviter la présence d'un si barbare ennemi. Le roi de Naples l'aimait et lui donna, en 1464, l'investiture de plusieurs seigneuries. Plus tard il le nomma grand connétable. Cependant Pyrrus ne lui fut pas fidèle et prit les armes contre lui avec les autres barons en 1486. Le roi parut oublier cette faute et montra le dessein de lui faire épouser en 1487, Lucrèce, sa fille naturelle. C'était un piége. Ainsi attiré, Pyrrus des Baux fut saisi, enfermé, étranglé au château neuf de Naples et jeté dans la mer avec un de ses neveux traité de la même manière.

Le 16 août 1483, Isabelle des Baux, fille de Pyrrus des Baux, avait été fiancée à François d'Aragon fils du roi de Naples, Ferdinand premier. Il fut convenu que leurs enfans seraient appelés d'Aragon des Baux. Ce mariage n'eut pas lieu.

Isabelle épousa, en 1487, Frédéric d'Aragon roi de Naples, dépossédé par Louis XII et par Ferdinand-le-Catholique.

En avril 1501, ce prince fut conduit en France où il mourut au Plessis-les-Tours, dans une maison d'emprunt, car son palais venait d'être incendié. Isabelle le fit déposer, revêtu de ses habits royaux, dans le couvent des Minimes et voulut le transporter à Naples au tombeau des rois. Ne le pouvant pas, cette princesse fut obligée d'aller vivre à Sabionetta chez sa sœur, ou à Ferrare chez le duc Alphonse d'Este, neveu de son mari. Elle y mourut en 1533. Les restes de son époux furent brûlés en 1562 par les calvinistes, en même temps que le corps de St François de Paule.

Sa sœur aînée Isotte-Génèbre des Baux, dotée de douze mille ducats, fut comtesse d'Oriano. [Restée veuve, elle supporta ses malheurs avec tant de constance, qu'en 1530, Charles-Quint se trouvant à Naples, voulut la visiter. On voit son tombeau dans l'église de Sainte-Claire.

En 1487, Isabelle des Baux épousa George Brancowitz, despote de Servie, à qui le sultan Amurath fit crever les yeux. Ce prince fut dépossédé de ses états par son frère, après que celui-ci eut emprisonné leur mère. Isabelle des Baux l'accompagna en Hongrie, où il se retira et gouverna avec lui quelques-unes de leurs villes reprises sur les Turcs, par Jean-Corvin Huniade.

En 1487, le conseil municipal d'Arles décide que les habitans des Baux seront affranchis de gabelle pour l'entrée de leurs denrées, sauf le blé et le vin.

Marguerite des Baux épouse en 1492, Pierre de Ventaillac, en Dauphiné.

François des Baux, comte d'Ugento et de Castro, se déclara un des premiers pour François Ier (1528). Charles-Quint lui confisqua ses comtés. Il se retira à Raguse avec sa fille unique et ce qu'il put emporter d'or et de bijoux. Il y resta deux ans. Les affaires des Français étant perdues en Italie, ce prince se réfugia à Rome, où le cardinal Trivulce fournit à son modique entretien. Il y mourut fort âgé.

En 1530, naquit Jules des Baux, qui fut amiral de Naples. On le montrait dans dans sa vieillesse comme le reste malheureux de cette illustre race. Il eut un bâtard nommé Placide qui fut indigne de porter le nom des Baux. Sa femme Jullienne Tholomée ne lui donna point d'enfans.

En 1544, Isabelle des Baux fut mariée avec Pierre François, depuis archevêque de Tarente.

En 1566, Honoré des Martins de St-Gilles, seigneur baron des Baux, fut nommé sénéchal de Beaucaire et de Nîmes. Il avait pris le nom de Grille en reconnaissance des soins que la dame de Grille lui avait donnés dans une maladie qu'il eut à la suite de la bataille de St-Gilles, où il commandait 700 arquebusiers contre les protestans. Il laissa de Jeanne de Quiqueran de Beaujeu une fille mariée avec un Lestang-Parade.

Vers le commencement du XVIe siècle, la branche de la maison des Baux, qui posséda le duché d'Andrie, finit en la personne d'Antoinette des Baux, fille de François comte de Castro et d'Ugento, mariée au marquis de Licodici, depuis prince de Butère.

Nous trouvons encore en 1597, Jacques de Boche baron des Baux, consul à Arles.

Depuis qu'il avait été classé parmi les terres possédées par le roi de France et dites adjacentes, le château des Baux servait de refuge aux mécontens et fut plus d'une fois l'occasion de troubles dans la contrée. En 1631, un mouvement eut lieu à Aix. Chassés de cette ville, les révoltés se retirèrent au château des Baux dont le gouverneur était très-attaché au parti du duc d'Orléans; les Arlésiens craignant que cette place devînt un foyer permanent de conspirations contre le roi, essayèrent de la surprendre. Cette tentative échoua. Arrivé à Aix par ordre du roi, Guise envoya, le 7 juin jour de la Pentecôte, le sieur de Soyecourt avec toutes les troupes dont-il pouvait disposer pour former le siége des Baux. Après plusieurs jours de résistance, la place fut rendue. Se fondant sur les ravages que le belliqueux château des Baux avait souvent attirés dans la contrée, les communautés environnantes demandèrent sa démolition. Louis XIII fit droit à cette requête en 1630. L'antique ville des Baux fut démantelée ; comme elle était en grande partie taillée dans le roc, il fallut pour rompre ses masses compactes les détonnations du salpêtre. L'élément comprimé qui déchire les flancs de la terre et ouvre le cratère enflammé des volcans, pouvait seul anéantir la force des Baux. Son intervention est attestée par les vastes blocs dont se composent les débris de la ville.

Dix ans plus tard, Louis XIII céda la terre des Baux aux princes de Monaco et l'érigea en marquisat. Elle resta dans la maison de Monaco jusqu'à la révolution de 1789. Cette époque fut désastreuse pour la ville des Baux. Les Arlésiens l'envahirent et la dépouillèrent ; après avoir abattu ses insignes, coupé les bois théâtres des chasses de ses souverains, poétiques abris des amours de ses trouvères et de ses châtelaines', ils transportèrent à Arles ses archives. Les villages voisins qui relevaient de la ville des Baux s'émancipèrent et s'érigèrent en communes ; et l'oubli étendit ses ailes sur le siége de tant de puissance, sur le foyer où tant de passions fermentèrent, sur l'orgueilleux sommet d'où elles prirent leur essor pour franchir les mers et se répandre au loin ; la voix triste de quelque pauvre villageois, la curiosité du touriste y troubla seule la solitude et le silence des ruines : *Sic transit gloria mundi !*

Près du domaine appelé Barbegal, on voyait encore, en 1808, les restes d'un canal qui amenait à l'Amphithéâtre d'Arles les eaux du territoire des Baux.

Trois fois assiégé, rasé deux fois, le château des Baux avait duré plus de onze siècles. Pendant cette longue période, ses possesseurs ou leurs descendans devinrent ducs d'Andrie, de Nardo et d'Ursin, comtes d'Alessano, de Soletto, d'Avelin, de Monte-Scagioso, d'Esquilace, de Leccio et de Companie, princes de Tarente, princes d'Orange, barons de Branstoul, seigneurs de Meyrargues, Courthezon, Marignane et autres lieux, podestats de Milan, consuls podestats de la ville d'Arles où ils possédaient le Bourg-neuf et la forteresse de Trinquetaille et jouissaient du droit de bourgeoisie, sénéchaux et capitaines généraux de Piémont et de Lombardie, grands justiciers, grands amiraux du royaume de Naples.

Ils portèrent les titres de comtes de Provence, rois d'Arles et de Vienne, princes d'Achaïe, comtes de Céphalonie et de Néophanto, empereurs de Constantinople, et soutinrent leurs prétentions par l'épée. Ils commandèrent des flottes et des armées, et firent plus d'une fois pencher la balance où se pèse la destinée des peuples et des rois.

Leur état fut le premier qui se constitua en Provence. Avant la guerre contre la maison de Barcelone, cet état était possédé sous la mouvance immédiate de la couronne de Bourgogne. Parmi les nobles Provençaux, les princes des Baux se montrèrent toujours ardens à soutenir leur indépendance; dès avant 1110, ils se regardaient comme les égaux de leurs souverains. Lors de l'hommage prêté à Frédéric Barberousse, la maison des Baux se trouve comprise parmi les républiques de Provence qui ne reconnaissaient point d'autre juridiction que celle de l'empire. Le droit de battre monnaie avait été contesté à Raymond des Baux par les officiers de la reine Jeanne ; mais, sur des remontrances de ce prince, la reine le lui confirma en septembre 1370. Ce droit reconnu de nouveau par René, subsista jusqu'en 1700, époque où la principauté d'Orange fut réunie à la couronne.

La population des Baux était au treizième siècle de 3,600 habitans, au quatorzième siècle de 3,000, au quinzième de 1,800, au seizième de 1,200, au dix-septième de 1,000 ; elle est de 5 à 600 au dix-neuvième.

Inconstance des Baux, écrivit le bon roi René, lorsqu'il voulut caractériser les grandes familles de son comté de Provence. Dans la pensée du royal poète, ces paroles n'étaient point une accusation de déloyauté ; elles constataient seulement l'esprit turbulent de ces puissans aventuriers.

L'écu des princes des Baux portait d'un côté un cavalier tenant un bouclier et s'avançant l'épée haute, symbole de leur caractère ; de l'autre, en champ de gueules, une comète à seize rayons d'argent, souvenir de leur fabuleuse origine, brillante image de leur destinée.

Écrit à Nimes, en août 1841.

BIBLIOTHEQUE ROYALE
I

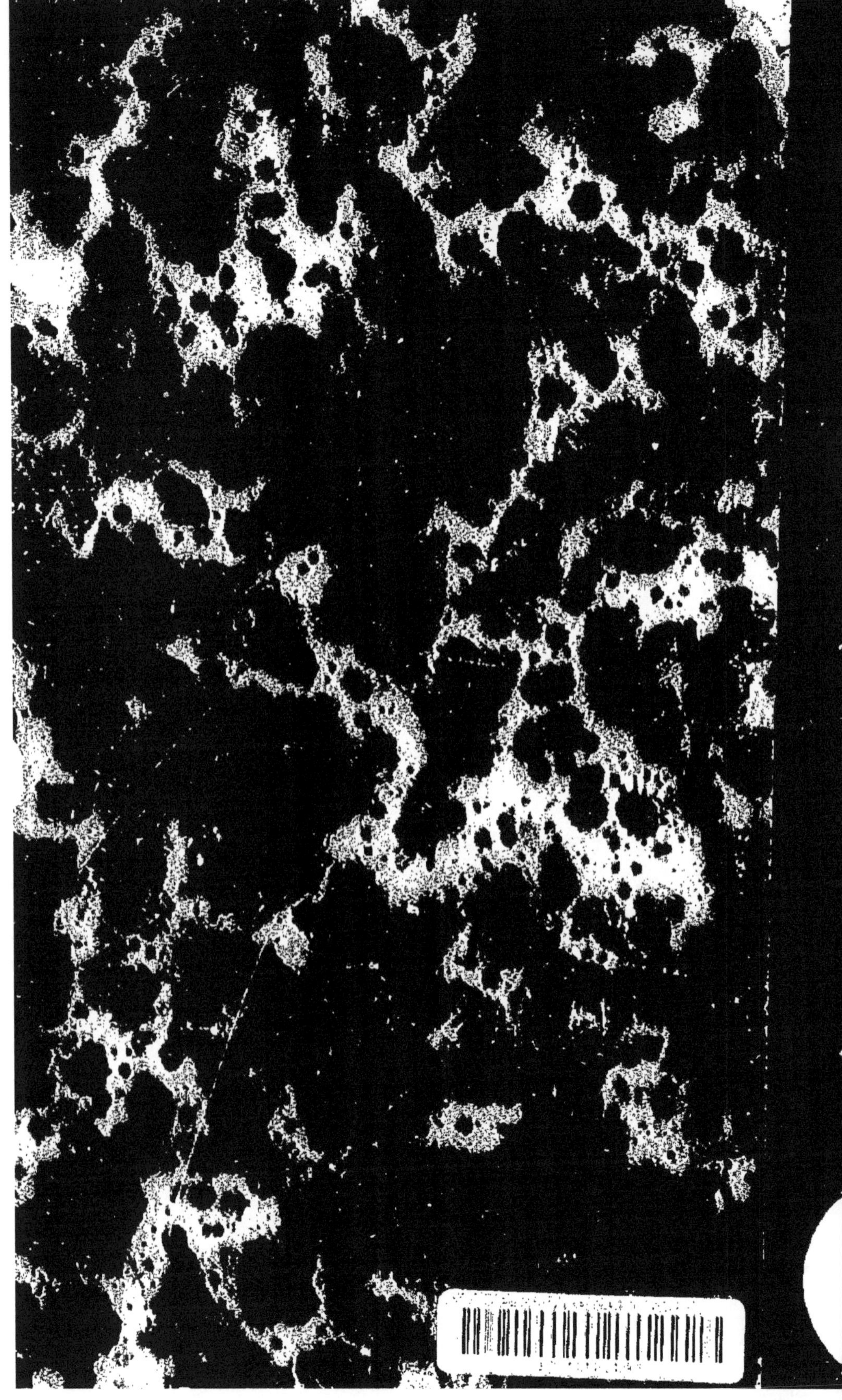

www.ingramcontent.com/pod-product-compliance
Ingram Content Group UK Ltd.
Pitfield, Milton Keynes, MK11 3LW, UK
UKHW021004200726
13857UKWH00004B/1264

9 782012 866805